“名+名”式四字格临时短语固化研究

连　佳　著

山东大学出版社

图书在版编目(CIP)数据

“名+名”式四字格临时短语固化研究/连佳著.
—济南:山东大学出版社,2019.8
ISBN 978-7-5607-6424-5

Ⅰ.①名… Ⅱ.①连… Ⅲ.①汉语—名词—研究
Ⅳ.①H146.2

中国版本图书馆 CIP 数据核字(2019)第 203438 号

责任编辑:张　瑞　胡泽雨
封面设计:张　荔

出版发行:山东大学出版社
社　址　山东省济南市山大南路 20 号
邮　编　250100
电　话　市场部(0531)88363008
经　销:新华书店
印　刷:山东和平商务有限公司
规　格:720 毫米×1000 毫米　1/32
5.875 印张　147 千字
版　次:2019 年 8 月第 1 版
印　次:2019 年 8 月第 1 次印刷
定　价:25.00 元

前　言

本书是关于"名+名"式四字格临时短语固化的研究，主要是使用语料库的方法搜集、整理语料并统计分析"名+名"式四字格，将静态研究和动态研究结合起来，充分论述和深入考察了以"名+名"式为主的四字格临时短语和固定短语在词形、语义等方面的特点，从四字格逐渐固化的过程中析出并验证了"名+名"式四字格临时短语固化的特征及条件参数。同时，本书在"事实—理据—验证"的考察过程中，论证了"名+名"式四字格临时短语满足于哪些条件将有利于其发展成为固定短语。所得出的研究结论包括"名+名"式四字格的基本固化特征、典型固化特征和参考固化特征，以及词形结构条件参数、语义理据条件参数和使用频率参数等固化条件参数。

全书分为五章，分别论述的是：

第一章，介绍四字格的研究缘起、相关研究综述，对四字格进行界定，考察了其类型和特点等，并且说明了本书的指导理论和研究方法。

第二章，对"名+名"式四字格临时短语进行动态分析。首先，介绍了语料库建设的基本情况，包括建库理念、语料的收集加工、分词校对等；并对从语料库中提取的"名＋名"式四字格临时短语的频度、搭配和分布情况进行了计量统计和科学分析。其次，从语料库中提取了若干具有代表性的并列式和偏正式的"名＋名"式四字格临时短语，并对此展开了深入的例证分析。考察其在语料库中的"名＋名"搭配特点及固化情况。通过对各个类型的四字格临时短语的动态考察，析出若干四字格临时短语固化的特征及条件参数。

第三章，对"名＋名"式四字格固定短语进行静态分析。细致梳理并充分论述了《现代汉语词典》(第6版)中所收录的四字格，重点对"名＋名"式四字格的结构进行了分类考察。

第四章，对"名＋名"式固化四字格进行分析。通过对"名＋名"式固化四字格的词形结构、句法功能、词语属性和语义理据等方面的考察，逐条分析和验证"名＋名"式四字格临时短语的固化特征，确保作为研究结论的固化特征及条件参数的正确性。另外，还阐述了"名＋名"式四字格临时短语的固化过程，及其在固化过程中所体现出的特点。

第五章为结语与展望，总结了本研究的主要结论，并对值得进一步研究的相关问题作出了思考。

本研究所进行的"名＋名"式四字格临时短语固化研究，其创新性主要体现在以下两个方面：

第一，采用了动态分析和静态分析相结合的研究方法。既有基于语料库的计量考察，也有对语料库中系统自动划分的"名＋名"式四字格固定短语和未被划分为固定短语却高频出现的"名＋名"式四字格临时短语在结构、语义和语用等方面进行的论述和解释，还对已收入《现代汉语词典》(第6版)中的"名＋名"式四字格固定短语展开了词形结构分类和语义考察等静态分析。

第二，对"名＋名"式四字格临时短语的固化特征及条件参数，不仅进行了基于大量例证分析的科学提取，而且逐条进行了严格验证。首先，通过动态考察"名十名"式四字格临时短语得出四字格临时短语固化的特征。其次，通过对四字格固定短语的词形和语义等的深入考察，充分验证了所得到的四字格临时短语的固化特征及条件参数，最大限度地保证了结论的可靠性。

连　佳

2019年7月1日

目　录

第一章　四字格临时短语固化概述

一、释　题

四字格不仅在古代汉语中多见，而且在现代汉语中也被广泛使用。一方面，许多从古代汉语中沿用下来的四字格仍勃勃生机，如为人们所熟知的“笔墨纸砚”“青梅竹马”“阳春白雪”“杯水车薪”等；另一方面，大量的新四字格不断涌现出来，如“泡沫经济”“黄金地段”“垃圾邮件”“中文信息”等。

四字格从最初产生时的临时短语形式，如何发展成具有一定流通度和认知度的准固定短语，进而成为词形和语义上都非常稳定的固定短语；四字格临时短语的固化呈现出怎样的连续变化过程；处于固化各个阶段的四字格表现出什么特征；影响四字格临时短语固化的条件参数有哪些。本研究将以“名＋名”式四字格为考察重点，逐一解答以上这些问题。

（一）四字格是现代汉语词汇的重要形式

四字格是现代汉语词汇中一类非常特殊且重要的词语，它是由四个音节组成的一个独立的词或者固定结构短语。一般而言，四字格结构固定而紧密、音节整齐而明快、意义稳定而丰富，具有词形对称、节奏和谐、表现力强等特点。如：

司空见惯　接二连三　百科全书　标点符号　单口相声

灰色收入　八荣八耻　学术超男　通货膨胀　捂盘惜售

四字格从古代汉语中一步步发展至现代汉语，数量不断增加，表意也愈加丰富。它适合的词长和上口的节奏将词语内部表意的充实性和外部形式的简洁性结合了起来，兼顾了语言的经济性和准确性。

四字格以短语为主要形式，短语在汉语词汇系统中具有承上启下的重要作用，连接着上一级语言单位的句子以及下一级语言单位的词。因此，短语在汉语词汇系统乃至整个语言体系中占有重要地位。

从共时角度来看，短语是指两个或更多词的组合，因而又称为"词组"。它是由句法、语义和语用三个层面上能够搭配组合起来且没有句调的语言单位，是大于词而又不成句的语法单位。简单的短语可以充当复杂短语的句法成分，短语加上句调可以成为句子。最小的短语由两个词构成，根据表达的需要，通过增加词的方式，就可以将期扩充为内部结构层次和语法关系更加复杂的短语。在实际语用中，短语因其合适的词语长度和语义容量而成为符合心理认知的语言组块。Lewis 认为词块是语法化的词汇，而不是词汇化的语法，词块不仅可以作为语言储存和输出的理想单位，而且还是听(读)者理解话语的重要基础之一。词块的特征是以整体形式储存、易于在语用层面直接提取及较强的搭配和生成能力。[①] Alison Wray(2000 年、2002 年)认为"语块"是用来描述两个或多个短语组成的具有独立性的词串，其中部分多词结构是心理词库的基本单位。汉语中的词串即为短语。而在结构和语义上具备稳固性和整体性特点的四字格形式的短语，更加能够凸显出语块整合词语、语

① Lewis M, *The Lexical Approach*: *The State of ELT and the Way Forward*, London: Language Teaching Publications, 1993.

法和语境作用，在语言交际和习得中具有重要意义。[①]

从历时角度来看，短语在汉语词汇系统的演变中扮演了重要的角色。古代汉语以单音节词为主，逐渐生成了双音节和多音节词。汉语发展至今，双音节词在现代汉语中占绝对多数。汉语的词汇系统经历了由单音节单语素为主到双音节词为主的演变。在汉语双音化的过程中，特别是在双音化的初始阶段，双音词主要产生于句法，即由短语演化而来。汉语短语词汇化是复合词产生的一种重要途径。董秀芳在《词汇化汉语双音词的衍生与发展》一书中指出，汉语双音节化之初，偏正式短语发生词汇化的比重最高，自战国后则是并列式短语增多，偏正式其次。现代汉语中发生词汇化数量较多的短语类型与古代汉语略有差异。李慧在《现代汉语双音节词组词汇化基本特征的探索》一文中指出，现代汉语中，发生词汇化最多的是动宾式短语，其次为偏正式短语。不同类型的短语词汇化数量和比例的变化是源于词汇系统内部的变化，但毋庸置疑的是短语是汉语双音节词的主要来源。短语在汉语词汇系统中的重要地位，使得以短语为主要形式的四字格研究具有很大的研究价值。

一方面，短语在汉语中的重要地位奠定了以短语形式为主的四字格研究的本体角度的价值；另一方面，汉语史中展现出来的从短语到复合词的词汇化，也为四字格固定后的进一步演变的路径提供了可参照的视角。本研究将以“名＋名”式四字格为重点研究对象，从短语发展的角度，探索从临时短语到准固定短语再到固定短语这一连续的动态过程，并挖掘影响短语从临时短语走向固定短语，即固化过程的条件参数并分析四字格在这一固化过程的各个阶段特征。

（二）汉语中四字格的使用情况

春秋时期出现的《诗经》中就有很多四字形式的词语。中古以

---

① Alison Wray, *Formulaic Language and the Lexicon*, Cambridge: Cambridge University Press, 2002.

降，汉语复音词大量涌现，双音词成为汉语词汇中主要的词语形式，并作为汉语词的典型格式一直延续至今。双音词为四字格提供了丰富的构词材料，很多双音节词常常搭配使用构成四字词语。"对于固定语来说，四字格的长度很适中，既不至于形成长串的音节而使人发音不便畅，同时又是可表示丰满、复杂的意思和明晰的结构关系。"[①]因此，这种四音节的词语由于其常常作为一个整体出现并使用，其四音节词语的固定结构和特指语义就逐渐固定下来，约定成俗成为稳定的四字格。汉语中的成语大部分都是四字格的形式。如：

哀鸿遍野　暗无天日　八面威风　背井离乡　避重就轻
甘拜下风　假公济私　暮鼓晨钟　青梅竹马　三顾茅庐
世外桃源　委曲求全

首先，四字格广泛出现在各种媒体及各类文体中，以短小精悍的形式表达丰富深刻的内涵。如四字格在各类报刊中的使用：

勤于真抓实干。求真务实、真抓实干是我们党的优良传统。只有求真务实、真抓实干，才能把党的各项方针政策落到实处，取得实实在在的政绩。一是注重实际，力戒虚名。摆脱名利思想的干扰，集中精力抓好每一项具体工作的落实。二是注重实功，力戒空谈。实干兴邦，空谈误国。应从讲政治的高度，以对人民负责的态度，一步一个脚印地推进和开展工作。三是注重实效，力戒形式。处理好形式与内容、过程与效果的关系，建立健全各项制度，有效防止和克服官僚主义、形式主义。[②]

市场的情绪一度显得犹豫和忧虑。金融市场上任何风吹草动，都被市场人士解读成"为农行护盘"：6月份证监会放慢公

① 刘叔新：《汉语描写词汇学》，商务印书1990年，第171页。

② 刘盛辉：《领导干部须戒庸戒懒》，2010年2月25日《人民日报》。

司上市节奏，被解释是为农行登陆“让路”；人民银行6月投放资金增多，被分析是“以充裕的资金面支持申购农行”；社保基金表态将提高购买股票的比例上调至30%，也被认为这是“大主力护航农行的信号”。此外，此前频频在二级市场上出手增持三大行的汇金公司，也被分析人士寄予厚望——以“国家队”的力量成为大盘的定海神针。①

以上例文使用了很多四字格，既包括四字格固定短语，如“求真务实”“官僚主义”“实实在在”“风吹草动”“定海神针”“方针政策”等，也包括已有一定流通度和认知度的“实干兴邦”“空谈误国”“金融市场”，还包括随着社会发展产生的以四字格新词，如“社保基金”“汇金公司”。

其次，四字格以四个音节作为一个词或短语来使用，常用于电视栏目名称和节目标题中，中央电视台及各大卫视很多收视率较高的知名栏目的名称都是四字格形式。如：

新闻联播　百家讲坛　天气预报　（中央电视台）

天天向上　天声一队　花儿朵朵　（湖南卫视）

非诚勿扰　脱颖而出　花样年华　（江苏卫视）

这些栏目名称有的源自汉语中已有的四字格固定短语，如“天天向上”“脱颖而出”，但更多的是原创的四字格。它们依靠栏目的影响力而具有了一定的流通度和认知度，进而固定成为四字格，如“新闻联播”“非诚勿扰”“天气预报”等。

在报纸、杂志等平面媒体中，标题、广告等都多以简短利落的四字格吸引人们的目光，并且为了突出四字词语的信息常常加以引号强调。如《人民日报》2012年6月2日头版中的标题：

“广告航母”起航——北京国家广告产业园区开园

“文化低保”照亮农民心窝子

① 骆海涛：《农行上市侧影》，2010年6月24日《南方周末》。

又如《中国青年报》2012年5月26日头版中的标题：

创造非公团建的"民生模式"

"最牛独董"的背后

"恶意炒作"是一种莫须有罪名

上海"爱心妈妈"在行动

四字格除了在传统和新兴媒体中被大量使用外，在日常生活中，人们对事物的命名也偏好于四字格。以中国菜品的命名为例，如：

可乐鸡翅　皮蛋豆腐　香菇油菜　红烧茄子　清蒸鲫鱼
油焖大虾　黄桥烧饼　东北乱炖　扬州炒饭　粉蒸排骨
肉饼蒸蛋　葱爆羊肉　咖喱牛肉　上校鸡翅　蔬菜沙拉
珍珠丸子　水晶虾饺　琥珀核桃

以上这些菜名以两个双音节复合词结合的四字格形式为主，或为"材料名＋材料名"，如"可乐鸡翅"；或为"制作方式＋材料名"，如"红烧茄子"；或为"产地名＋材料名"，如"黄桥烧饼"。也有菜名为单音节词和双音节词结合的四字格形式，主要为"材料名＋制作方式＋材料名"，如"粉蒸排骨"。还有音译过来的菜名也取四字格形式，如"咖喱牛肉"。很多菜名富于艺术性，以喻体入菜名，可以使人对菜品的色泽、味道产生美好的联想，如"水晶虾饺"。四字格命名菜品形式多样，表现力强，兼具指示配料、制作方法、提示菜品样式等功用。

在当代社会生活中，许多热点信息也以四字格形式表达。以近些年来颇受关注的楼市为例。一个好的楼盘名称具有积极的隐性增值因素，较好地体现了商品楼盘的定位和价值。通过考察近年来济南市区的热销楼盘，笔者发现以四字格命名的商品楼盘占据楼盘名的绝大部分。如：

锦绣泉城　名士豪庭　保利花园　保利芙蓉　富翔天地
海尔绿城　恒大帝景　恒大名都　恒大绿洲　翡翠清河

翡翠东郡　翡翠外滩

A股上市公司名称也以四字格为主。通过分析发现，在2011年网易财经评选的100强A股上市公司名单中72家是四字格形式，17家是三音节词语形式，只有1家是双音节词语形式，即“＊ST盛润A”。如：

贵州茅台　洋河股份　兴业银行　中国平安　泸州老窖

潍柴动力　中国船舶　格力电器　汤臣倍健　上汽集团

民和股份　雏鹰农牧

四字格在现代汉语中的频繁使用，既与其以凝练结构表达丰富内容的特点有关，也与其四音节词长的和谐韵律有关。不考虑其语义因素，四字音节长度的节奏十分符合汉语使用者的文化心理，如记录非文字信息的符号大量以四音节停顿的现象可为其佐证。数字信息通常在停顿节奏上主动选择四音节形式。下表所列四大银行信用卡卡号四个数字相连的显示形式[①]，客观上起到了提示语音停顿的作用。如：

银行名称	信用卡卡号
中国银行	6259　0788　8888　8888
中国农业银行	4637　5888　8888　8888
中国工商银行	6222　4688　8888　8888
中国建设银行	6227　0888　8888　8888

从以上例证可知，四字格已活跃于现实社会生活的方方面面。这些四音节词在语音形式上的固定，加速了其在词形上的固定。由于广泛且高频的使用，有的临时短语稳定成为固定短语，有的则逐

① 表格中所列各银行的信用卡卡号均出自各银行官方网站的示例卡片，数字之间的空格完全依照示例卡片上的空格。

渐被淘汰。思考并讨论四字格具有哪些特征、从临时短语到四字格固定短语需要历经怎样的过程、受到哪些条件参数的制约等，有利于开拓四字格研究的视野。

（三）四字格研究的意义

四字格的研究价值主要体现在其作为词汇的语言本体研究和现实语用研究两个方面。

第一，从语言本体研究方面来看。首先，四字格研究是汉语词汇本体研究的重要组成部分。四字格与词和短语都有非常密切的关系。短语是词到句子之间的成分，四字格短语能反映出从词到短语，进而到句子的连续统的状态及变化。

词汇是语言中最灵活、最敏锐、最能够充分地体现社会发展变化的要素。四字格以短语为主要形式，而短语在汉语词汇系统中起着承上启下的重要作用，即连接着下一级语言单位的词以及上一级语言单位的句子。有的四字格经历双音化而成为双音节词，有的四字格加上语调而成为句子。词语记录着社会生活的点点滴滴，既有反映个人自由个性的言语，也有公众约定俗成的语言。词语的产生、发展或淘汰，与社会政治思想的变革、生产生活的变化、经济文化的发展密切相关。上古时期主要以单字为词；中古以后，复合词大量涌现，单字与单字组合而成的词极大地满足了人们指物表意的需要。单字渐渐成为构成复合词的语言材料，这种变化是历史的必然选择。因为受记忆容量、传播效率等诸多因素的影响，汉语不可能无限制地增加音节的数量和汉字形态，以满足飞速发展的社会对语言的要求。而同音异形异义字的使用，会导致词语羡余率的产生，进而降低语言传播的效率。汉语由单字词发展成为复合词是一种必然。随着词汇的发展，为适应社会的需要，四字格的形式也越来越丰富，既有大量以四字格为主的成语，如"愁云惨雾""火冒三丈""纸醉金迷"；也一定数量的惯用语，如"唱对台戏""吃闭门羹"

“打预防针”；又有进入大众语言生活的专有词语，“产业革命”“金融危机”“贸易壁垒”；还有语言中新产生的普通词语，如“抽水马桶”“黄金时段”“环境保护”等。

其次，改革开放以来，一批又一批反映社会变革的词语大量涌现，四字格以其四音节词长的优势、组合灵活的结构和表意充分的特点，在新词语中占有极其重要的地位。特别是21世纪以来，随着计算机、互联网等科学技术的发展，词语传播的媒介和方式增多，新词语的产生和传播以惊人的速度发展，而新的媒介传播方式又反过来极大地影响了新词语的产生和定型。通过对词语的发展演变反观社会生活的发展变化，不失为语言研究的现实意义。

因此，从语言本体上看，作为汉语词汇系统重要组成部分的四字格的生成和发展，充分反映着并反作用于汉语词汇系统。对四字格的固化研究，尤其是对其固化特征和条件参数的提取，对汉语词汇系统的规范具有实际意义。

第二，从语言应用研究方面来看。首先，对四字格结构和语义的研究以及四字格固化特征和条件参数的提取将有利于计算机对四字格的处理。汉语是形态变化较少的语言，在书写格式上和英语分词书写的方式不同，这为计算机处理汉语、进行高效度的分词增加了一定的难度。随着计算机在硬、软件技术上的提高和算法的优化，计算机分词已经由“字处理”进步至“词处理”，中文信息处理里的“字处理”难关已在20世纪末被攻破。“词处理”成为现阶段大力突破的内容，主要包括“分词”和“词性标注”两方面。在计算机处理中文信息的发展过程，仍存在着许多干扰其进一步发展的因素，例如计算机对四字格，特别是四字格临时短语的划分，其效率和准确度还有待于进一步提升。对四字格内部结构和语义关系进行梳理能为分词提供规律性的依据，四字格固化的条件参数将有益于计算机处理四字格。科学的分词是提高计算机翻译准确性的基础。基于符合语言理据和实际语用的分词结果为计算机自动翻译提供了有效的原始数据，使计算机能识别到更加规范的数据并进行准确的双语转换。只有实现了词或者短语层面上的计算机翻译的准确性，才有可能进一步实现"句处理"的机器翻译，从而全面提升计算机处理中文信息的高效智能化。

其次，对四字格的深入分析能为词典收录四字格提供充分的理据。四字格的分类、特点、结构等方面的研究成果，对汉语词典收词标准，特别是对四字词语的收词标准的确立有积极的借鉴意义。词典对词条的收录通常遵循的是完整性、系统性、实用性、相对稳定性等原则，对收录入典的短语的筛选要难于对词的筛选。确立科学规范的标准将使词典收录词条更具代表性、实用性和科学性。而四字格固化特征及条件参数的提取有利于词典的编纂。引入短语固化条件参数，将有利于确定短语的固化程度，为其入典提供更加充分的依据。

再次，四字格的研究对汉语教学也有积极的作用。这无论是对儿童语言的习得，或者母语使用者语言的应用，还是对汉语作为第二语言的教学都有着重大意义。词汇教学是对外汉语教学的重要内容之一。四字格是以组块的形式出现的优势词汇，组块被认为是人们记忆词汇的单位，组块分析也是自然语言处理最新的发展趋势，研究自动、高效的汉语组块分析器对于中文信息处理有重要的理论意义和实用价值。四字格是语法、语义和语境等综合因素精细加工后的产物，对具有整体储存和整体加工特征的四字格语块的理解和输入，有利于学习者汉语语言意识的培养和学习效率的提高。

(四)"名＋名"式四字格研究的意义

本书之所以选取四字格中的"名＋名"式四字格作为主要的研究对象，是因为"名＋名"式四字格是现代汉语中数量庞大且发展速度较快的一类四字格，由名词构成的四字格呈现出丰富的表现力，

具有极高的社会流通度。

首先，从名词的表现力来看，新事物和新概念多用名词来表达。名词是一类重要的实词，是表示人或事物（包括具体事物、抽象事物、时间、处所、方位等）名称的一类词语。核心信息的描写离不开名词，有关时间、地点、人物、事件，乃至原因、工具、结果等信息都需要用名词来表述。

其次，网络时代大规模数据的检索以名词为主，这也反映了名词较其他词具有更高的使用度和流通度。例如，搜狗拼音输入法是2006年6月由搜狐（SOHU）公司推出的一款Windows平台下的汉字拼音输入法，如今已成为国内主流汉字拼音输入法之一，它基于大数据统计，根据当天输入查询频率最高的新词，每天自动筛选出五个“搜狗每日新词”。根据2012年6月30日至2013年12月30日的持续追踪统计发现，“搜狗每日新词”一共发布了2475个新词（包括14个在前后两天重复的新词），这些新词语以短语为主，且与时事新闻事件密切相连，有双音节词，如“幻日”“房叔”；三音节词，如“双台风”“骑马舞”；四音节词，如“单独二孩”“失独老人”；五音节词，如“新二十四孝”“经济适用男”；六音节词，如“中国最胖女神”“国足牌臭豆腐”，甚至还出现了以“土豪”为核心成分的一系列新词语，如：

土豪诗　土豪金

土豪公式　土豪资格　土豪必备　土豪定亲

土豪婚礼　土豪岳母　土豪大妈　土豪老板

土豪丈母娘　土豪太太团　土豪演唱会　土豪石油浴

除去重复的新词，四字格词语有967个，占总数的39.2%。其中“名＋名”式四字格为243个，占四字格总数的25.1%。这些四字格表达的内容非常丰富，有专有名词，如“猴面兰花”“黄金大米”“类艾滋病”；有新闻事件，如“南海危机”“陕西房姐”“奥运六环”“豆腐渣奶”；有带同位语性质的短语，如“学霸爷爷”“女模交警”“房奴小偷";有构成成分含有外来语的,如"艺体萝莉""门萨女神"等。通过对"搜狗每日新词"的统计发现,"名＋名"式四字格在数量上占四字格的较大比重,表意丰富且别具特点,具有深入研究的价值。

二、四字格及固化的界定

(一)对"四字格"的界定

一般按照结构特点,词可分为单纯词和合成词,按照音节的数量,可分为单音节词和多音节词。通过将这两种分类标准参照比较发现,单纯词绝大多数是单音节词,双音节的连绵词和外来词所占比重较小。除了少数儿化词外,绝大多数合成词是多音节词,特别是双音节词。四字格得名与其特征明显的词语形式密切相关。从语音上看,四字格的四个音节通常连用,这是其显要特征。从性质上看,四字格可能是一个词(如鄂伦春族),也可能是一个短语(如爱国主义)。从音节形式上看,四字格分为叠四字格(如半信半疑)和非叠四字格(如点石成金)。从语义格式上看,四字格包含成语(如瓜田李下)、熟语(如喝西北风)、专有名词(如社会主义)、普通四字格(如国际象棋)等。从语义内容上看,四字格反映了政治(金砖五国)、生活(丁克家庭)、医药(心肌梗死)、宗教(阿鼻地狱)等方面的内容。

(二)对"固化"的界定

随着社会的发展,汉语词汇系统中不断涌现出新的四字格,专有名词性质的四字格从生成开始即具有稳定的词形结构。其中,大多数为四字格固定短语,如"血红蛋白""北京猿人";少数为复合词,如"白金汉宫""哈萨克族"等。除专有名词外,还有大

量的普通四字格，其从产生到稳定要历经四字格临时短语、四字格准固定短语、四字格固定短语的过程，这一过程通常称为四字格固化过程。

处于固化过程不同阶段的四字格具有不同的特征。虽然四字格的固化过程是渐进的，界限也并不完全分明，但每个阶段所展示出的特征仍较为显著。四字格临时短语是指根据社会临时需要由四个音节组成的新的短语，其特点是产生时间较短、使用频率较低、组合形式不固定，如"红色炸弹""光盘行动"等。四字格准固定短语特点主要体现在两个方面：一是某些四字格临时短语经过优胜劣汰，词形逐渐固定下来，并具有较为固定的意义。随着使用频率的提高，它们不再是刚生成时不为人所熟知的临时短语，而是成了准固定短语，如"机会主义""个人问题"等。它们可能会继续发展，最终稳定成为固定短语。二是由于广泛而高频的使用，它们越来越多地使用在四字格中，最终形成了以这一语素为构成部件的词语。具备生成能力也是四字格由临时短语发展为准固定短语的标志之一，如由"目光如豆"的"××如×"格式生成的新词"堆积如山"等。"目光如豆"已完成了从准固定短语到固定短语的发展阶段，新生成的"堆积如山"等词语则是临时短语的继续发展。又如由"社会主义"等"名词＋主义"格式产生的四字格临时短语"平民主义""精英主义"等。四字格准固定短语的特点是词形较为稳定，所表达的意义也比较固定，一部分四字格准固定短语会继续发展成为固定短语。

是否被词典收录也是衡量四字格能否成为固定短语的参照标准之一。四字格固定短语主要是由成语和准固定短语发展而来的词形和意义都非常稳定的短语，这些固定短语的认知度很高，广泛为人们所接收和使用，且多被收入相关词典，如《成语词典》《现代汉语大词典》等。

三、四字格的分类与特点

按照不同的标准，四字格有不同的分类结果，有的包含"名＋名"式四字格，有的则不包含。以下将依据不同的标准对四字格进行分类，重点阐述包含"名＋名"式四字格的类别。

首先，从音节形式上来看，四字格可以分为叠四字格和非叠四字格。

四字格叠字格是现代汉语叠字格的重要组成部分，据周荐统计，《现代汉语词典》(1996 年修订本)中收四字音节叠字格 156 个，约占所收叠字单位总数的 20.61%。[①] 根据重叠成分的不同，叠字格又可分为完全叠字格(AABB/ABAB)和不完全叠字格(AABC、AB-CC、ABBC、ABCB、ABCB、ABAC)。

据卢艳名(2011 年)统计，《现代汉语词典》(第 5 版)中共收录四字格 5523 个，叠字四字格为 414 个，占总数的 7.5%。[②] 其中，AABB 类的四字格最多，ABAB 类次之，其他类较少。如：

AABB(吹吹打打、方方面面)　ABAB(笔直笔直、翠绿翠绿)

AABC(嗷嗷待哺、息息相关)　ABCC(大腹便便、小心翼翼)

ABBC(不了了之、自欺欺人)　ABCB(以毒攻毒、人云亦云)

ABCA(忍无可忍、将计就计)　ABAC(半信半疑、大手大脚)

其次，从属性来看，四字格主要分为以成语为主的熟语和一般四字格，以及数量较少的具有特殊形式的待嵌四字格及双四字格。

四字格中有大量包括成语在内的熟语。中国古代典籍重文轻语，典雅的成语通常为士大夫们所重视，较易于收录至各种著述中，

---

① 参见周荐：《汉语词汇结构论》，上海辞书出版社 2004 年版，第 265 页。

② 参见卢艳名：《现代汉语四字格语音结构形式探究》，浙江大学硕士学位论文，2011 年。

得以持久而广泛的流传；而普通四字格则多是鲜活生动的口语，传播于街巷酒肆的引车卖浆者口中，虽然使用流布广泛、使用高频，但一方面因鲜有文字记载而大量流失，另一方面也因其固化程度不如成语高，而且变化较快，被淘汰的速度也快。因此，古代典籍中对俗白四字格的记载不多，且多附于雅言之后，如《常谭搜》共 4 卷，收词和熟语共计 1348 条。该书卷一、卷二为雅类，如“规行矩步”“风神秀雅”，共收 666 条，卷三、卷四为俗类，如“火烧眉毛”“上漏下湿”，共收 682 条。因此从词的数量上来说，由于成语的生成和固定要经历较长的历史时期，它的增长速度不可能像普通四字格那么迅速。另外，成语作为书面语体，使用范围受到局限，不似四字格那么广泛。

绝大部分的成语是四字格，四字格的词语形式在一定程度上已经成为成语的典型特征之一。据统计，《汉语成语辞海》[①]收录四字格 32335 个，占所收词条的 90.43％。[②]

四字格中也包括少量的惯用语。如：

板上钉钉　煲电话粥　唱独角戏　吃闭门羹　吃大锅饭
吃哑巴亏　打马虎眼　打预防针　戴绿帽子　戴高帽子
喝西北风　坐冷板凳

惯用语的典型格式是三字格，四字格形式的数量较少，多为动宾结构，因此并不包含“名＋名”式四字格形式。

四字格中的一般四字格，如：

百科全书　标点符号　长篇小说　共产国际　工人阶级
广播电台　利己主义　人行横道　三维空间　丝绸之路
体力劳动　学前教育　鸦片战争　隐形眼镜　责任事故

一般四字格的数量较多，且多由两个词组成，能产性较强，词义较直

① 刘万国、侯文富：《汉语成语辞海》，吉林大学出版社 1994 年版。

② 此处的四字格及成语收条数量转引自刘振前：《四字格成语的音韵对称与认知》，《语言教学与研究》2003 年第 3 期。

接明了。由于人们在日常生活中使用频次较高，一部分新出现的四字词语逐渐固化，最终成为四字格固定短语。在四字格固定短语中，有的一经产生即具有十分稳固的意义，则为专有名词，如：

阿拉伯人　百日维新　保护关税　北回归线　必然王国
差额选举　产褥感染　二十八宿　华氏温标　累进税率
结球甘蓝　模拟信号　热核反应　失能武器　五四运动
邮政编码　震颤麻痹　正多边形　知识分子　资本主义

四字格中的专有名词多是表示人、地方、事物、历史事件等特有名词，词形、词义较为固定，词语的组成部分及顺序都是固定的，不能随意更换，能产性较差。

四字格的待嵌形式比较特殊，具有一定的生成性，如“爱……不……”“不……而……”“半……半……”“一……而……”。具体词语有：

爱答不理　爱说不说　爱来不来　不期而遇　不言而喻
不翼而飞　半文半白　半真半假　半信半疑　一哄而散
一怒而去　一扫而光

这种半固定格式的词在嵌入新词后能产生大量格式相似、意义逻辑相关的四字格。有的四字格经过社会约定而稳固下来，成为四字格固定短语且被收入词典，如“半信半疑”“半推半就”；有的在使用范围和稳定性上具有一定的局限性，属于四字格临时短语，如“半人半神”“半睡半醒”。

双四字格也是四字格的一种形式，数量较少，如“百尺竿头，更进一步”“放下屠刀，立地成佛”“三天打鱼，两天晒网”“十年树木，百年树人”等。双四字格有源于成语的，也有源于俗语的，其内部有递进、联合、因果等逻辑关系，表意丰富，多有引申义或比喻义。

四、四字格的研究概况

（一）研究历史与现状

四字格是一类在形式和内容上都极具特点的词语，从20世纪50年代以来就引起了学者们的关注，并随着研究内容的逐渐深入及研究方法的不断创新，四字格研究无论在深度还是广度上都呈现出飞速发展的面貌，涌现的成果也越来越多。

1.萌芽阶段

四字格研究的萌芽阶段是指20世纪50～80年代。该阶段的四字格研究主要着眼于四字格的历史来源及其在构词法中的地位、结构形式的分类、音节平仄的变化等问题。

第一，有关四字格定义的研究。陆志韦被认为是最早提出“四字格”概念的学者。在《汉语的并立四字格》一文中，陆志韦开始从构词法的角度关注诸如“东南西北”“青山绿水”“不大不小”“你死我活”等词，并将其命名为“并立四字格”。他还通过《水浒传》《三千里江山》等各个时期的语料考察了并立四字格在现代汉语中的发展和使用情况，分析了不叠字的四字并立格和叠字的四字并立格的词性和结构，并指出“吃吃喝喝”“吵吵闹闹”是动词，“精瘦精瘦”是形容词性，“红男绿女”是并立向心格，“顶天立地”是并立动宾格。[①] 随后他在《汉语构词法》（修订本）一书中将四字格中的非重叠两两并列格式分为“并立偏正格（胡思乱想）、并列动宾格（寻死觅活）、并列主谓格（眉开眼笑）、并列后补格（翻来覆去）、并列式（风俗习惯）”，并着重论述和分析了并列又重叠的格式，该格式又分为“甲甲乙乙（重

---

① 陆志韦：《汉语并立四字格》，《语言研究》1956年第1期。

重迭迭)、甲乙甲乙(思想思想)、甲乙甲丁(徒子徒孙)、甲乙丙乙(张口闭口)式"[①]。他主张用"扩展法"来区分四字格中的词和短语，能扩展的结构才是词组。他认为，除了四个字的自由组合(如"想来想去""说的讲的")是词组外，绝大多数的并立四字格是词，其不但包括通常认为的作为词的四字格，也包括作为短语的四字格，如"直来直去""有说有笑"。

吕叔湘在《现代汉语单双音节问题初探》一文中探讨了四字格里涉及汉语单双音节问题。他指出，汉语单音节的使用受限，且有双音节化趋向，四音节和双音节的使用胜过三音节，而且"四音节好像一直都是汉语使用者非常爱好的语音段落"。四音节在语音上分为"2＋2""3＋1"和"1＋3"三种，在结构上分为并列、偏正、动宾三类。"四音节的优势特别表现在现代汉语里大量存在着四音节成语，即'四字格'这一事实上。"[②]他认为，四字格不但包括复合词、成语等，还包括短语，如"中药西药""收信发信""新书旧书"等。吕叔湘对四字格的考察以语音为切入点，从结构上作出了具体分类。其定义的四字格范畴比较宽泛，所提出的"中药西药""收信发信"等四字格，是否能为大众所认同属四字格范畴还有待商榷，但他对四字格范畴的积极思考为四字格研究开拓了思路。

第二，有关四字格分类和特点的研究。于根元以丰富的例证批评了在一般语法书上双音形容词重叠多取 AABB 式与双音动词重叠多取 ABAB 式的做法，他认为这一划分忽视了一些重要的例外词而有失全面，如"指指点点""油黑油黑"都不符合这一典型格式。[③]他指出，考察四字格既要从历史中纵向地看，也要将普通话和方言中的四字格比较地看，不能忽视数量少但意义大的例外词现象。他

---

① 陆志韦等:《汉语的构词法》(修订本)，科学出版社 1964 年版，第 105、118 页。

② 吕叔湘:《现代汉语双单音节问题初探》，《吕叔湘全集·汉语语法论文集》，第399～427 页。

③ 参见于根元:《重叠四字格杂议》，《语文研究》1980 年第 1 期。

还发现并纠正了重叠四字格研究中出现的一些偏误，并从方法论上为四字格研究指出了一条历史纵向比较与方普横向比较相结合的研究路径。

周祖谟从声调平仄的角度考察四字成语，发现四字成语中以第二字是平声字、第四字是仄声字的居多，这与先平后仄的骈词和双音词极为相似。因而"惊心动魄"比"动魄惊心"更符合语言规律。[①]周祖谟对四字成语声调的考察是专注于某类四字格的个案研究，是四字格研究走向深入的必然阶段。

马国凡从四字格的性质特点、形成演变、组成类型和使用现状等方面进行了阐述。他认为"四字格是一种形式鲜明、独具特色的语言词汇，是汉语语汇的一个重要组成部分"[②]，并以外部形态作为确定四字格的标准、以内涵来划分不同的形态。他强调，构成四字格的只能是词或者短语，不能是句子。儿化音节作为一个单独的音节存在才能算一个音节，如"江米面儿"不是四字格，而"闷葫芦罐儿"是四字格。他还指出四字格出现的端倪见于卜辞中的句子，并将汉语主谓宾的句子结构与四字格内部的语法单位的结构进行对比分析，认为四字格兼顾了信息密集度和形式简约度。四字格充分体现了汉语的音乐性，四字的声韵调构成了富有音乐性的音乐群。马国凡的研究是基于宏观视角的综合研究，是在 20 世纪 80 年代及以前各个时期四字格研究基础上的总结式的研究，标志着四字格研究的发展迈出了里程碑式的一步。

在这一时期对汉语四字格进行研究的还有姚殿芳、潘兆明，他们从四字格的范畴、形成、结构和运用等方面，对四字格进行了比较

① 参见周祖谟：《汉语骈列的词语和四声》，《北京大学学报(哲学社会科学版)》1985 年第 3 期。

② 马国凡：《四字格论》，《内蒙古师大学报》1987 年第 3、4 期。

全面的描述。[①] 也有学者考察了方言中的四字格。如侯精一收录了平遥方言中近400条四字格，并分别作了简要的注释。[②] 向日征对湘西苗语中的四字并列结构进行了分类研究。[③] 傅希孟从结构类型、特点及数词的意义等方面对《红楼梦》中含有双项数词的四字语进行了讨论。[④]

20世纪50～80年代，是四字格研究的萌芽阶段，从为四字格正名开始，逐渐发展到对四字格定义、分类、性质等的研究，四字格的研究范畴进一步细化，既有对具体而微的四字成语平仄的考察，也有对共时方言和普通话交叉的四字格的考察。总之，从宏观走向微观是四字格研究深入的标志之一。

2.发展阶段

这一阶段是指20世纪90年代到21世纪初。这一阶段的四字格研究除了继续关注四字格的分类、性质等属性研究之外，还出现了阶段性标志的研究成果。

第一，有关四字格语音、结构、语义的研究。在这一阶段有更多的学者关注到了方言中的四字格，并将之与普通话中的规范四字格进行对比。汤志祥分析了广州话四字格的构成、四字成语的语源和语用，比较了广州话和普通话四字格在词形和意义上的不同。[⑤] 王化鹏总结了四字语的修辞作用，从语言简练、表意精确、通俗易懂、形象生动，四字语本身借助于各种修辞手法构成，音节整齐、韵律协

---

① 参见姚殿芳、潘兆明：《说"四字格"》，《新疆大学学报(哲学社会科学版)》1985年第4期。

② 参见侯精一：《平遥方言四字格释例》，《语文研究》1980年第1期。

③ 参见向日征：《湘西苗语的四字并列结构》，《民族语文》1983年第3期。

④ 参见傅希孟：《〈红楼梦〉中含双项数词的四字语》，《语言教学与研究》1988年第3期。

⑤ 参见汤志祥：《广州话四字格词语研究》，《深圳大学学报(人文社会科学版)》1993年第3期。

调几个方面肯定了四字格具有丰富多彩、灵活多变、表现力强等特点。[①] 鞠君以四字格中“1＋3”音段和“3＋1”音段的动宾和偏正式为例，认为结构层次制约着音节之间的组合，不同的结构层次会产生不同的音节组合。如“做白日梦”为适应双音节的需要而变成“白日做梦”[②]。赵永新着重讨论了 ABAC 式四字格在构成、语义、语用的特点。A 的词性或语素包括所有的词类和主要的语素，其中以名、动、形、副或此类语素构成的四字语为最多。BC 以名词为最多，动词、形容词次之。他还依据内部结构将 ABAC 式四字格分为黏着型和非黏着型两种，并归纳了新产生的 ABAC 式四字格结构比较灵活，具有可变性大和多由简称构成(如“招工招干”)这两个特点[③]。崔希亮认为汉语成语大部分都是四个音节，其中多数成语在意义关联上呈 AB-CD 分布，少数呈 A-BCD 分布，极少数为 A-B-C-D 分布。[④] 这一阶段的四字格研究从浅层次的所属分类进入深层次的规律探讨、从描写性的考察走向分析性的考察。充分的描写，进而进行充分的解释，是四字格从萌芽阶段进入发展阶段的特征之一。周荐对四字格的研究是他研究汉语词汇结构的重要组成部分，也是四字格研究的阶段性的成果。他认为四字语和三字语存在很大的差异，而四字语多构成大于词的单位，即自由词组或固定语。他还指出，四字语在结构上有联合式(潜移默化)、陈述式(黔驴技穷)、述宾式(贻人口实)、述补式(颠扑不破)、定中偏正式(沧海一粟)、状中偏正式(循循善诱)、连谓式(得胜还朝)、兼语式(引人入胜)八类四字语的结构方式，在语义搭配上有近同搭配、对反搭配、交叉搭配和镶

---

① 参见王化鹏:《谈谈四字语的修辞作用语言》,《教学与研究》1993 年第 4 期。

② 鞠君:《四字格中“1＋3”音段和“3＋1”音段组合规律初探》,《汉语学习》1995 年第 5 期。

③ 参见赵永新:《汉外语言文化对比与对外汉语教学》,北京语言文化大学出版社 1997 年版。

④ 崔希亮:《汉语熟语与中国人文世界》,北京语言文化大学出版社 1997 年版。

嵌搭配等搭配形式。他还提出了"类固定语"的概念,"类固定语多是由四个语素构成的单位。类固定语在意义上已具有了一定的整体性,在形式上也具有了一定的凝固性。但是比起固定语来,类固定语意义的整体性和形式的凝固性都稍逊一筹";"它是大众口头经常创造并使用的一种用于单位,是固定的后备军,对充实汉语语汇起着重要作用"。[①] 如"缺儿少女"在意义的整体性上已经有别于自由词组,但在形式的凝固性上看,还可说成"少儿缺女",因而只能看作类固定短语。

第二,有关四字格语用的研究。在这一阶段,除了对四字格结构、语义特点和方言四字格等方面进行进一步整理以外,学界对四字格的语用研究也有了很多关注。如对未做整体使用的四字格成语,即"裂断"四字格成语的研究,以及从第二语言教学服务的角度进行的四字格研究和基于专书的四字格研究等。

卢卓群提出定型的四字格成语在现代汉语中使用时,呈现出"无形裂断"和"有形裂断"两种形式。[②] "无形断裂"形式,如在"日日以牛刀割鸡"中,介词结构"以牛刀"破坏了成语"牛刀割鸡"的凝固性和完整性。他着重分析了"有形裂断"的五种形式,包括"点断",如"酒色财气"点断为"酒、色、财、气";"插词",如"就算'茅塞'不能'顿开'";"离析",如"既不兴高,也不彩烈";"易位",如"声势可以虚张";"失落",如"这种'效颦'也觉得可厌"。可以说,从"点断"到"失落"成语裂断的程度逐渐递增,甚至由此产生了语义调整、减缩等变化,而这些变化都是特定的内容和语言形式表达的需要。卢卓群还从词组、单句、复句等语言单位来考察成语"有形断链"的分布状况,极大地拓展了语料研究的范畴,使得四字格的研究不再局限于词语本身,而是将其置于一个更宽泛的研究平台上,从而发现了定型四

---

① 周荐:《论四字语和三字语》,《语文研究》1997 年第 4 期。

② 参见卢卓群:《四字格成语的有形裂断及其作用》,《世界汉语教学》1992 年第 4 期。

字格成语断裂使用的状况以及处于不同断裂阶段的连续性过程与规律。

四字格研究方法的创新还体现在调查统计和计量统计等科学方法的运用上。张卫国在对39位维吾尔族学生词组使用500例错句进行调查的基础上，借鉴国内现有的词组研究成果，通过分析与总结，发现维吾尔族学生使用汉语四字词组有两大类规律性错误：一类是词汇意义使用错误；一类是语法意义使用错误。① 杨晓黎以计量统计的方法分析了2000余例四音节新词语的形成方式、途径和原因。②

在四字格研究的发展阶段还出现了对专书四字格搜集和整理的研究。如高增良编著的《〈红楼梦〉四字格辞典》③收四字格5000余条。

相对于四字格研究的萌芽阶段，发展阶段的研究无论在研究视角、语料范畴还是分析手段上都有了新的突破，新视角、新平台和新手段的出现极大地丰富了四字格研究的范畴。在这一阶段，四字格研究不仅更加深入到传统的本体研究中，而且与语言应用研究（如对外汉语教学研究）、社会语言研究（如语言调查）等相关研究进一步交叉融合，使得四字格研究在更多的视角下、更宽的平台上和更科学的手段中充分展开。

3. 繁荣阶段

从21世纪以来至今是四字格研究的繁荣阶段。进入21世纪后，学界对四字格的关注度进一步提升。这一阶段的研究特征表现在以下几个方面：

一是有关四字格研究的论著涌现。自2000年以来，以汉语四字格作为博士或硕士学位论文选题的论文多达20多篇，它们分别

① 参见张卫国：《汉语四字词组的结构与用法》，《语言与翻译》1996年第4期。

② 参见杨晓黎：《四音节新词语及其成因》，《江淮论坛》1996年第4期。

③ 高增良：《〈红楼梦〉四字格辞典》，北京语言文化大学出版社1996年版。

从四字格内部结构、语言比较、语料库统计、语言教学等角度进行考察。以四字格作为博士学位论文选题的有杨建国(2005年)《基于动态流通语料库(DCC)的汉语熟语单位研究》、孙艳(2005年)《汉藏语四音格词研究》、胡孝斌(2007年)《现代汉语双叠四字格AABB式研究》、孟祥英(2010年)《汉语待嵌格式研究》、孟德腾(2011年)《现代汉语嵌入式预制语块研究》。以四字格作为硕士学位论文选题的有从《现代汉语词典》考察四字格分类、特点、成语解释语用的,如余桂林(2003年)、张少芳(2006年)、陈雯(2011年)、卢艳名(2011);有从语言比较角度考察汉语四字成语与朝鲜语、日语中四字成语的,如全荣敏(2009年)、张楠(2011年);有谈专书中四字格的,如骆娟(2011年)、张于(2012年)等。(以上参见本书"主要参考文献")

二是有关四字格的语音和结构研究继续深入。学者们仍热衷于基于语言本体的有关四字格的结构、语义等研究,对四字格类型的概括和内在规律的发掘进一步增强。孙艳认为佛经翻译利用并激活了汉语固有的四字格模式,促进了"2＋2"节奏倾向的形成,也影响到了后代白话小说中四字俗语大量使用的面貌。[①] 她还研究了《红楼梦》中的数字镶嵌式俗白四字格,如"一年半载""一男半女",这类四字格是由数字作为框架构成的固定语型,有较强的类推能力。她还指出,汉语中以数字的虚化意义构成的四字格词语相当丰富,且富有生命力。[②] 张文轩、安丽卿从传统音韵学开合角度对四字格成语的语音系列进行了统计分析,发现单个成语中含开口字越多,成语的数量就越多,合口字反之。如"开开开开型最多,占成语总数的18.25%,合合合合型最少,只占总数的1.88%。而且,只要四字格成语中开口和合口的字数是一定的,那么开口字和合口字出

---

① 参见孙艳:《佛经翻译与汉语四字格的发展》,《中央民族大学学报(哲学社会科学版)》2005年第1期。

② 参见孙艳:《〈红楼梦〉数字镶嵌式俗白四字格分析》,《语文研究》2005年第3期。

现的前后次序与成语的数量没有关系"[①]。宫齐、聂志平讨论了原型是四字格的双音缩略语。他们指出,构成此类缩略语的内部制约条件主要有七种:"语义忠实性条件,习用性条件,语形区别性条件,同构性条件,语境条件,信息含量条件和序列顺向性条件。其中语义忠实性条件和习用性条件为强制性条件,其余五项制约条件是非强制性制约条件。处于优先地位的制约条件需要优先得到满足,其他条件次之,它们在不违反优先条件的前提下对结果进行评估和筛选,最终得出合格的缩略形式。"[②]

三是现代语言理论和科学实验方法在四字格研究中的运用。尤其值得肯定的是,在这一阶段,学者们更加注重引进和借鉴各种语言理论和科学实验的方法来进行四字格研究。刘振前运用分类统计、心理实验等方法对四字格成语展开了一系列深入细致的研究。[③] 刘万国等通过对《汉语成语辞海》[④]中的35758条成语分类统计和心理实验分析,得出的结论显示汉语中语义结构具有对称性的四字格成语占有很大比例,因为对称的结构更易于认知。特别是语义相同和相反能形成良好的完型(good form),也易于开展词汇教学。除了语义结构的对称性,四字格成语在音韵结构上也具有对称性。平平仄仄和仄仄平平是最主要的声调组合方式,其余多是上述形式的变式。陈洁运用认知理论中的概念整合和形式整合理论,分析了形式和语义图式化的四字格成语,指出结构对称性成语的概念

---

① 张文轩、安丽娜:《四字格成语中开合口字的统计与分析汉字文化》,《汉字文化》2006年第2期。

② 宫齐、聂志平:《现代汉语四字词语缩略的制约条件》,《语言文字应用》2006年第1期。

③ 参见刘振前:《四字格成语的音韵对称与认知》,《语言教学与研究》2003年第3期;刘振前:《汉语四字格成语语义结构的对称性与认知》,《世界汉语教学》2000年第1期;刘振前:《汉语四字格成语平仄搭配的对称性与认知》,《山东大学学报(哲学社会科学版)》2004年第4期。

④ 刘万国、侯文福主编:《汉语成语辞海》,吉林大学出版社1994年版。

整合在很大程度上受形式整合的制约，参与整合的概念在认知上的远近，会影响它们能否组合或凝固成词。在隐喻、转喻及概念整合的统一框架下研究成语，还应考虑形式整合后的构式义对成语意义的互动影响。① 刘红梅、刘中富指出，聚合词是由同属于一个语义范畴内的几个成分并列组合而成的一种准定型结构，聚合词的意义分为两种类型：“一种是整体义是构成成分意义的加合；一种是整体义不是构成成分意义的简单相加，而是在字面义的基础上产生了新义。正是聚合词意义的整体性才突出了结构的定型性，最终完成词汇化。”②新的语言理论推进了四字格研究的深入，使四字格研究经历了从最初的描写式研究，到解释性研究，再到以语言理论为指导及科学方法为手段的理论、语料和数据相结合的研究过程。

四是四字格的语用研究推动了汉语教学了的发展。黄利通过对留学生习得的语篇统计和定向调查问卷的分析，研究对外汉语教学中 ABAC 教与学的实际问题，从认知学的角度分析偏误现象出现的原因，并结合教学实践给予相关建议。③ 胡启好阐述了汉语四字格的语言特点，以外语影片的名称翻译为范例，通过分析比较四字格在外语片名翻译中的使用，对这一独特文化现象进行了探讨。④

四字格研究从 20 世纪 50 年代开始发展至今，无论在研究理论、研究方法还是应用研究上都呈现出阶段式的进步，传统的构词法、造词法理论和现代的认知语言学等语言理论拓展并深入了四字格研究的广度和深度，语料库、心理学实验和社会调查等研究方法使得四字格研究的结论更为科学严谨，四字格与汉语教学等相关学科

---

① 陈洁：《汉语结构对称性四字格成语的概念整合机制研究》，《广西社会科学》2010 年第 10 期。

② 刘红梅、刘中富：《论汉语聚合词的语义认知》，《山东大学学报（哲学社会科学版）》2011 年第 1 期。

③ 参见黄利：《对 ABAC 格式在第二语言习得中的偏误分析》，《西北民族大学学报（哲学社会科学版）》2006 年第 3 期。

④ 参见胡启好：《浅析译制片名翻译中的四字格现象》，《电影文学》2009 年第 18 期。

的交叉研究增强了四字格的社会语用研究。

（二）有待解决的问题

尽管对四字格的定义不同、分类有异、研究角度也多样，但学者对四字格进行的每一步研究都为更深入的研究打下了坚实的基础。随着理论的更新、材料的丰富、手段的进步，当代四字格研究进一步呈现出了新变化和新特点。例如，供研究的例证不断丰富，从个例的列举发展到语料库的大规模语料的分析，从对四字格类型的归纳到对其性质的充分解释等。但是，既往的研究都没有注意到四字格临时短语的固化问题。

限于诸多主客观因素，对四字格已有的讨论较多地局限于已成为固定短语的四字格，对那些未收入词典却又在现实生活中广泛活跃使用的四字格没有进行更为细致的挖掘和探讨，也未对四字格临时短语到四字格固定短语的固化路径和固化特征及条件参数作出较为全面系统的考察。因此，本研究拟将《现代汉语词典》中收录的四字格固定短语与语料库中的四字格结合起来研究，以"名＋名"式四字格为研究对象，探讨四字格由临时短语固化为固定短语的过程和相关参数。

（三）指导理论

前辈学者遵循传统词汇研究的模式，从词汇结构入手，对四字格的对构词法、造词法、词的组合关系、聚合关系等方面进行了研究。随着国内外各种相关理论的不断更新、引介和借鉴，词汇研究的视角更加多样化。关于"名＋名"式四字格临时短语的固化问题，本研究拟借鉴语义学中的语义透明度理论、认知主义的图式理论和隐喻理论来研究四字格固化的相关特征。

"语义透明度"是语义分析的重要指标之一，它是指合成词（复合词）的整体义在心理词库中通过其语素义的分析被推知的难易程度。心理词库是词汇知识储存在大脑中的心理表征,或称为"大脑词库""心理词典"。心理词库在大脑中通过一定的构建模式,联结和管理着大量的词汇。"语义透明"是来说明语言单位的"整体意义"从其"部分意义"上得出的难易程度:整体语义可从部分意义上得出,语言单位的意义是透明的;反之则不透明。词义和短语义都有从透明到不透明的梯度形态。四字格的重要特点之一是四字格的整体语义与其组成部分的语义间的关系呈现丰富的形态,因此,"语义透明度"适用于分析四字格的整体语义与成分语义的关系。李晋、李宇明以词义透明度为标准,将词义分为四个梯级:(1)完全透明,指词的整体义基本等于部分义之和,如"哀叹";(2)比较透明,指词的整体义不等于部分义之和,词的意义不能从字面上直接得出,如"钟表""黑店";(3)比较隐晦,指部分构成要素的意义在现代汉语共时平面上难以识别,或者虽可识别,但与词义没什么联系,基本上不具有词义示意作用,如"寒暄""荷包";(4)完全隐晦,指所有构成要素都不大具有词义示意作用,如"东西""码头"。语义透明度不仅体现在合成词的词义中,还与词的内部结构关系和词化程度密切相关。词化主要表现为非词单位的意义和结构的凝固化,语义透明度对合成词的词化有着紧密联系和积极的作用。因此,从语义透明度的角度来研究四字格的固化具有可操作性。①

认知语言学形成于20世纪90年代,它并不是一种单一的语言理论,而是一种语言研究范式。该理论认为,人类的认知能力对语言的形成、学习和使用具有深刻的影响。认知语言学的观点对我们研究四字格内部语义构成、其生成和固化的规律等都具有较大意义,本研究在关于四字格固化的具体分析中使用了认知语言学中的图式理论和隐喻理论。图式理论在20世纪80年代引介到国内后,最初用于解释与认知紧密相关的语言习得过程,随后广泛应用于语

① 参见李晋霞、李宇明:《论词义的透明度》,《语言研究》2008年第3期。

言阅读、听力等方面。图式是指围绕某一个主题组织起来的知识的表征和贮存方式，是一种关于知识的认知模式。图式有简单和复杂、抽象和具体、高级和低级之分。层级较低的下位图式隶属于层级较高的上位图式。图式作为一个由各个部分构成的有机整体，不是各个部分简单机械相加，而是具有一定的组合规律。构成图式的各个部分，即所说的变量，既有恒定的也有变化的，当一部分变量取一定值时，其他变量的取值也就受到了约束。图式的加工过程是通过对加工的信息进行拟合、优化、评价而进行的。四字格在形式组合、语义综合等方面的特征，使得图示理论成为分析四字格特征的一种恰当且有效的语言理论。

隐喻是人类认知的重要手段，也是命名事物的重要方式之一。隐喻最初被认为是一种修辞手段，认知语言学将隐喻发展成为一种思维方式，现在所说的隐喻多为认知语言学的理解，即作为思维认知方式的隐喻。隐喻依靠逻辑推理建立起两个相似事物之间的联系，实现源域与目标域的映射，帮助人们完成从熟悉的事物到陌生事物的认知。隐喻的本质就是用已知事物或经验理解和体验新事物。它以抽象的意象图式为基础，将源概念域中比较熟悉、具体、易于理解的图式映射到不太熟悉、抽象、较难理解的目标域，从而实现认知新事物的目的。这种建立在两种现象之间某种相似基础上的隐喻方式，反映在语言中即表现为人们对事物的命名、词义派生、惯用搭配、词语修辞等方面。四字格既有一般词的普遍特征，又包含复杂的语义搭配关系，还包含数字、动物名称等具有文化伴随义的特殊符号信息。例如，以四字格“沧海桑田”来隐喻时间，时间流逝带来了从沧海到桑田的变迁，原本抽象的时间概念通过具体事物生动地表现了出来。

需要说明的是，认知语言学中的“隐喻”和修辞学中的“比喻”在本研究中的界定和区分。“隐喻”和“比喻”的共性在于它们都是将具有相似特征的两个事物联系起来，表现在语言中即指称两个有相似特征的概念符号常常一起使用或者互相代替使用。“隐喻”是西方认知主义语言学的概念，主要指的是人们在逻辑思维层面上的认知方式。“比喻”是语言中经常使用的修辞手法，分为明喻、暗喻、借喻、博喻等类型。因此，“隐喻”和“比喻”在概念和使用上是有着相当密切的联系的。在本研究中，对四字格进行语义分析时，以“隐喻”从逻辑思维的层面考察四字格的语义生成、固化等，以“比喻”从语义关系方面考察四字格结构和语义的联系。

（四）研究方法

本研究主要采用以下研究方法：

(1)静态研究和动态研究相结合。以权威词典中的四字格固定短语为主要依据，静态考察四字格固定短语的分类、结构等；并自建具备一定规模的现代汉语语料库，作为参考语料库，考察语料库中析出的四字格在生成、语用中的动态情况。

(2)定性和定量研究相结合。通过语料库来提取和分析四字格，特别是“名＋名”式四字格语料。对四字格语料进行分词、名名搭配、词频和分布等基于定性和定量的统计分析，对四字格，特别是对处于固化不同阶段的“名＋名”式四字格临时短语、准固定短语和固定短语进行分类，描绘四字格固化的过程，从中提取四字格固化特征及条件参数。

(3)本体研究和应用研究相结合。以语料库中统计和分析得出的四字格有关数据为基础，结合对四字格固定短语的静态分析，进一步考察四字格临时短语的固化特征，并验证固化条件参数。四字格固化特征和条件参数对四字格入典标准的确立和汉语词汇教学等都有着积极的作用。

第二章　“名＋名”式四字格临时短语的动态分析

一、分词标注语料库的建立

（一）建库的理念

语料库是语言材料的集合，指借助计算机及其相关软件，统计并分析经过科学取样和加工的大规模的文本库。语料库是语言研究的重要基础资源，语言研究者以此为研究手段，科学地展开语言理论和应用研究。语料库发展至今已经是第三代了。20 世纪 60 年代产生了第一代语料库，首个语料库在美国布朗大学建立，是第一个系统采集英语语料的规模为 100 万词次的语料库。第二代语料库的建立开始于 20 世纪 80 年代，以词典编纂为背景，例如英国的 Cobuild 语料库规模为 2000 万词次。20 世纪 90 年代以后，语料库进入了第三代，不仅语料数量达到亿级甚至万亿级，而且语料种类也从单语种升级为多语种，从平行语料库发展到对比语料库，从局部的抽样统计语料库发展成为大规模的动态流通语料库。这种基于海量文本的历时语料库，适用于对语言文字的动态情态进行实时监测，能够全面而生动地反映最新的社会语言生态。

一个具有一定规模的语料库，能为研究提供大量翔实可靠、鲜活具体的语料，确保研究所采用的材料具有充分的代表性和真实性，从而最大限度地保证研究所得出的结论的科学性。基于语料库的研究方法，既能使四字格的研究语料更为丰富，也能较为全面地反映生活的方方面面，还能考察语言使用的实际情况。

语料库一般分为四种类型：异质的、同质的、系统的和专用的。通过参考国内外相关语料库的建库经验，结合本研究的研究目的，综合考虑研究者搜集和处理材料所需的时长、精力等因素，我们设计了用于本研究的汉语四字格分词标注语料库。它属于系统型的语料库，即根据预先确定的原则和比例收集语料，使得语料能代表某一范围内的语言事实，能够提供语言研究的数据支持，确保研究结论的客观性和全面性。

（二）语料库的构成

本研究的研究语料不仅包括词典中收录的四字格，还包括从语料库中自动划分出来的四字格，以及未划分为四字格但实为“名＋名”式组合形式的四字格，这些四字格或为未被分词系统识别的四字格固定短语，或为还未完全固化的四字格临时短语。

首先，根据对词典中所收录的“名＋名”式四字格静态考察的统计结果，我们发现“名＋名”式四字格的主要构成形式是由两个双音节名词组成的。因此在进行研究时，从语料库中析出的“名＋名”式四字格临时短语也以前后相连的两个双音节名词为析出条件。其次，四字格的使用范围以书面语为主，较少出现在口语中，并且在口语中出现的四字格也没有区分于书面语四字格的明显特征。因此，自建语料库时，不但包含传统的纸媒的语料，还包括网络媒体的语料。

一般而言，词典所收的四字格是现实生活中最常使用且认知度最

高的四字格，具有稳定且固定的词形和语义，是中四字格的典型代表。但是，现实生活中所使用的四字格数量庞大，内容丰富，而词典始终要受到收词规模和收词标准的制约和规范，不可能将生活中产生的所有四字格都囊括其中，只能以有限的词语尽量充分地体现四字格的共性特征。因此，我们以词典中收录的“名＋名”式四字格的研究为基础，以语料库中的“名＋名”组合为补充，尽量全面而深入地展现“名＋名”式四字格的面貌和特点，以及其固化过程、特征及条件参数。

本研究建立语料库的目的是研究汉语四字格的格式和特点等，特别是“名＋名”式四字格的产生及其固化的过程、固化条件参数。所以在设计语料库的过程中，我们充分考虑并坚持以下语料抽样原则：

第一，注重语料在时段分布上的不均衡性。根据研究需要，我们将搜集到的语料分为三个时期：一是2010～2013年；二是2000～2009年；三是2000年以前。这三个时期的语料所占总语料量的比重分别为37％、33％和30％。从各时期所占比例上看，大体比较均衡，但因为每个时期所涵盖的时间长度不一样，所以实际上自建语料库还是更侧重于2010～2013年的语料，这与我们以现代汉语四字格为重点研究对象，并同时考察新生成四字格的生成演变规律及其固化特征、条件参数的初衷相吻合。因为只有基于具有一定时间长度的历时语料库的研究，才可以有效地观察和测量到语言的流通度的变化情况，较全面地考察到四字格的生成和发展的过程。

第二，注重一般语料与专业语料并选。由于四字格中有相当数量的专有名词和行业术语，很多词典也将这些专有名词和行业术语作为四字格而进行了收录，所以在语料的选择上，应充分考虑到这些专业词汇的语料，如时政类的报告社论、经济类的报纸杂志等。同时，当代社会是一个信息爆炸的时代，越来越多的专有名词和行业术语通过电视、网络等媒体迅速而高效地走进了人们的日常生活，为人们所了解并广泛使用。因而，有必要在自建语料库时纳入包含一定专有名词和行业术语的相关语料，以此作为一般语料的有益补充。

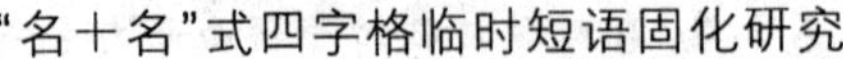

第三，注重从不同传播媒体中所选取的语料的平衡。以电脑为媒介的互联网络和以手机为媒介的移动网络极大地冲击着报纸刊物、广播电视等传统媒体，也广泛影响了我们的生活，甚至在一定程度上改变了我们的阅读习惯。网络成为当代人，特别是年轻一代接受新信息、新事物和新思想的主要媒介。网络对语言的影响，主要表现为推动新词的生成和传播。科技的进步带来海量信息，使得人们的阅读习惯呈现出互动式阅读、定制信息式阅读等新特点。因而，将报纸、杂志、图书、电视、广播等传统媒体中的语料与互联网、手机、博客、微博等新兴媒体中的语料共同收入语料库中，有利于当代语言面貌的真实和全面的呈现。

根据研究需要，我们自建的语料库大约包括 1100 万字的字符。语料的文件名以两位数来命名，其中第一位数字代表语料所属的年代，如：2010～2013 年的语料标注为 1；2000～2009 的语料为 2；2000 年以前的语料为 3。第二位数字代表文本内容属性：政府工作报告标注为 1；报纸为 2；杂志为 3；书籍为 4；网络为 5。例如，标注为 11 的文件名代表的是 2010～2013 年内的政府工作报告。在本研究的语料库中，各类语料和所占比例详见表 2-1。

表 2-1　　本研究自建语料库的语料构成　　（单位：MB）

	2010～2013	2000～2009	2000 以前	合计
政府工作报告	0.4	0.7	2.9	49
报纸	10.8	5.9	/	
杂志	4.5	6.3	0.4	
书籍	1.0	3.4	11.2	
网络	1.2	0.13	/	
合计	18.0	16.4	14.6	
占总数百分比	37%	33%	30%	100%

(三)分词标注及校对

我们在搜集大量语料的基础上,采用计算机自动分词和人工干预相结合的方法,建成了一个进行四字格研究的熟语料库。具体建库步骤是:首先,依靠中国科学院计算技术研究所研制开发的“汉语词法分析系统”完成系统对大规模的电子文本语料(.txt格式文档)进行自动分词和词性的自动标注,即通过层叠隐马尔可夫模型对语料进行五级分层式分析,最终生成分词结果并完成词形标注。据测试,其分词正确率达97%以上,未登录词的识别和召回率均高于90%,在确保分词的准确性的基础上,又保证了分词的效率,可靠度较高。其次,在系统分词的基础上进行人工干预,排除切分错误、识别未登录词、处理语言特例等后续工作。

根据“汉语词法分析系统”提供的汉语文本词性标注标记,主要词类的具体代码标准如表2-2所示:

表2-2　　现代汉语词类代码表

词类	标记	词类	标记	词类	标记	词类	标记	词类	标记
形容词	a	区别词	b	连词	c	副词	d	成语	i
简称略语	j	习用语	l	方位词	loc	名词	n	数词	num
其他专有名词	nz	拟声词	o	机构名	org	人名	per	量词	q
代词	r	处所词	s	时间词	Tim	动词	v	标点符号	w
语气词	y	状态词	z						

鉴于四字格研究,特别是“名+名”式四字格研究的实际需要,我们在语料分词提取后进行了一些人工干预,以提高研究的效度。这是因为根据系统自动分词的结果,我们发现有的词类所包含的四字格数量极少,如将这些小类合并到与之相关的大类中是一种更易于研究的方法。例如,将“ad(具有副词性质的形容词)”合并入“a(形

容词)”类;将“aloc(简缩地名)”和“aorg(简缩机构名)”分别合并入“loc(地名)”和“org(机构名)”类;将“vn(动名词)”和“vd(动副词)”合并到“v(动词)”一类中等。这种对词类的适当精简并不会影响四字格统计和分析的正确性,但会使数据的分类更为清晰明了。同时,分词系统自动将标点符号也进行了划分和词形梳理,有些连写的标点被系统误认为四字格。因此,在进行四字格的有关统计时会将标点符号类完全去除。

四字格语料的提取主要采用直接提取和间接提取两种形式。直接提取是从分词语料库中提取被系统自动划分为的四字格。这些词语被区分为不同的词类,用相应的代码标示。间接提取即通过检索并提取两个双音节名词相连构成“名＋名”组合,它们可能是“名＋名”式四字格临时短语、准固定或者固定短语等形式。

经系统自动分词后所得到的语料,如:

(1)要/v 采取/v 积极/a 的/u 政策/n 措施/n ,/w 鼓励/v 、/w 支持/v 和/c 引导/v 个体经济/l 、/w 私营/b 经济/n 等/u 非公有制/b 经济/n 的/u 健康/a 发展/vn ,/w 充分/ad 发挥/v 它们/r 对/p 满足/v 居民/n 多样化/vn 需要/n 、/w 增加/v 就业/v 、/w 促进/v 国民经济/n 发展/vn 的/u 重要/a 作用/n 。/w

(2)扶持/v 有/v 市场/n 前景/n 的/u 中小企业/j 特别/d 是/v 科技型/b 企业/n 发展/vn 。/w

(3)全体/n 政府/n 工作/vn 人员/n 特别/d 是/v 各级/r 领导/vn 干部/n ,/w 都/d 要/v 继续/v 保持/v 谦虚谨慎/i 、/w 不骄不躁/i 的/u 作风/n ,/w 继续/v 保持/v 艰苦奋斗/i 的/u 作风/n 。/w

(4)哈佛大学/org 的/u Ambady/nx 教授/n 最近/Tim 做/v 过/u 一个/num 非常/d 有趣/a 的/u 实验/vn。/w

(5)读/v 博士/n 不/d 是/v 一/num 件/q 轻松/a 的/u 事/n ,/

w 切忌/v 浮躁/a 的/u 情绪/n ,/w 而/c 要/v 一步一个脚印/l ,/w 扎扎实实/z 地/u 工作/vn 。/w

从以上语料库中直接提取的四字格,如:

个体经济/l 国民经济/n 非公有制/b 中小企业/j

谦虚谨慎/I 哈佛大学/org 扎扎实实/z

在进行过分词处理的语料库中,通过系统对四字格的划分也能反映出处于不同固化阶段的四字格的各种形态。如:

(6)抓紧/vd 制定/v 后续/vn 政策/n ,/w 巩固/v 和/c 发展/v 退耕还林/l 、/w 退/v 牧/Ng 还草/v 成果/n。/w

四字格“退耕还林”被标示为习用语,而在句式上与之对应、意义上与之呼应的“退牧还草”却没有作为一个整体的四字格为系统自动标示出来,这也是“退牧还草”未完成固化还不属于四字格固定短语的表现之一。再如:

(7)实施/v 科教兴国/l 战略/n 和/c 人才/n 强国/n 战略/n ,/w 加强/v 文化/n 建设/vn。/w

“科教兴国战略”中的“科教兴国”被标示为一个词语,“科教兴国”是具有专有名词性质的四字格固定短语,而“人才强国战略”中“人才强国”则被标示为两个词语。由此看来,四字格“人才强国”的认知度和接受度还不及已成为四字格固定短语的“科教兴国”。

为了保证语料的准确性,我们采用人工干预的方法对分词语料进行校对,主要针对系统自动切分的四字格以及由两个前后相连的双音节名词构成的“名+名”式短语进行重点校对。但由于工作量巨大,难免出现疏漏。以下例证是对校对中出现的不同种类的切分错误类型的说明。

“组织群众”应是动宾结构的短语,进行了正确切分的句子,如:

(8)加强/v 和/c 创新/v 社会/n 管理/vn 。/w 强化/v 政府/n 社会/n 管理/vn 职能/n ,/w 广泛/ad 动员/v 和/c 组织/v 群众/n 依法/d 参与/v 社会/n 管理/vn 。/w

但由于“组织”为名动兼类词,有时也被误切为“名词+名词”的情况,如:

(9)组织/n 群众/n,/w 团结/an 和/c 带领/vn 群众/n 推动/v 科学/n 发展/vn 实践/vn ;/w 服务/vn 群众/n ,/w 坚持不懈/i 地/u 为/p 群众/n 办/v 实事/n 、/w 做/v 好事/n 、/w 解难/v 事/n 。/w

又如“领导”在名词“人民”前,应是动词用法,语料库中有的被误切为名词,而将“领导”和“人民”析出为“名+名”组合,如:

(10)是/v 党/n ,/w 自觉/ad 肩负/v 起/v 领导/n 人民/n 争取/v 民族/n 独立/an 和/c 人民/n 解放/vn 的/u 历史/n 任务/n 。/w

又如,述宾结构短语“是”“非干部”,被误切分为“名词+名词”的组合“是非干部”,如:

(11)中国社科院/org 的/u 一/num 项/q 调查/vn 报告/n 指出/v :/w 干部/n 子女/n 成为/v 干部/n 的/u 机会/n ,/w 是非/n 干部/n 子女/n 的/u 2.1/num 倍/q 多/num 。/w

而对该例句正确的切分应为“是/v 非/a/干部/n 子女/n 的/u 2.1/num 倍/q 多/num 。/w”

二、语料库的基本数据统计

(一)四字格的频度分析

我们将析出的四字格以年代和属性为分类标准作进一步的梳

理，分别从(1)2010～2013 年语料，(2)2000～2009 年语料，(3)2000 年以前的语料中析出频度处于前 100 位的四字格，具体分析这三个时间段中的频度在前 100 位的四字格，并以共同出现于三个时段的四字格为重点讨论对象。如 2010～2013 年语料中频数处于前 100 位的四字格(表 2-3)：

表 2-3　频数处于前 100 位的四字格(2010～2013 年语料)

序号	四字格	频数	频度
1	社会主义/n	345	0.0134
2	人民日报/nz	303	0.0118
3	阿里巴巴/per	212	0.0082
4	美国政府/org	144	0.0056
5	另一方面/c	122	0.0047
6	业内人士/n	119	0.0046
7	发达国家/l	116	0.0045
8	人大代表/n	115	0.0045
9	中华民族/n	114	0.0044
10	也就是说/l	112	0.0044
11	澳大利亚/loc	106	0.0041
12	中小企业/j	106	0.0041
13	晴转多云/l	104	0.004
14	托尔斯泰/per	84	0.0033
15	经济学家/n	83	0.0032
16	义务教育/l	78	0.003
17	通货膨胀/l	77	0.003
18	知识分子/n	71	0.0028

续表

序号	四字格	频数	频度
19	计划生育/l	70	0.0027
20	市场经济/n	70	0.0027
21	穆巴拉克/per	70	0.0027
22	资本主义/n	68	0.0026
23	高速公路/n	65	0.0025
24	生产总值/n	64	0.0025
25	与此同时/c	60	0.0023
26	诺贝尔奖/nz	60	0.0023
27	搜索引擎/n	55	0.0021
28	中国政府/org	54	0.0021
29	前所未有/i	53	0.0021
30	湖南卫视/org	53	0.0021
31	广州日报/org	52	0.002
32	多云转晴/l	51	0.002
33	政府部门/n	50	0.0019
34	人际关系/n	47	0.0018
35	三分之一/num	45	0.0017
36	绝大多数/l	45	0.0017
37	中国日报/org	45	0.0017
38	以人为本/l	45	0.0017
39	不好意思/a	44	0.0017
40	巴塞罗那/loc	44	0.0017
41	不知不觉/i	44	0.0017

续表

序号	四字格	频数	频度
42	坚定不移/i	43	0.0017
43	代表大会/n	42	0.0016
44	有期徒刑/l	42	0.0016
45	三聚氰胺/n	41	0.0016
46	阴转多云/l	40	0.0016
47	平方公里/q	40	0.0016
48	委内瑞拉/loc	40	0.0016
49	梅开二度/l	40	0.0016
50	中共中央/org	39	0.0015
51	学前教育/l	39	0.0015
52	自然灾害/l	37	0.0014
53	贝克汉姆/per	37	0.0014
54	安倍晋三/per	37	0.0014
55	阿维洛娃/per	36	0.0014
56	经济危机/l	35	0.0014
57	国民经济/n	35	0.0014
58	巴洛特利/per	35	0.0014
59	日本政府/org	34	0.0013
60	同性恋者/n	34	0.0013
61	京东商城/org	33	0.0013
62	哈姆雷特/per	33	0.0013
63	独生子女/n	33	0.0013
64	无论如何/l	31	0.0012

续表

序号	四字格	频数	频度
65	中央政府/n	31	0.0012
66	多云转阴/l	31	0.0012
67	小心翼翼/i	31	0.0012
68	组成部分/l	30	0.0012
69	各种各样/l	30	0.0012
70	监管部门/n	30	0.0012
71	娜杰日达/per	29	0.0011
72	蒙帕纳斯/per	29	0.0011
73	至关重要/l	29	0.0011
74	巴基斯坦/loc	29	0.0011
75	北京大学/org	28	0.0011
76	反腐倡廉/l	28	0.0011
77	迄今为止/l	28	0.0011
78	无可奈何/i	28	0.0011
79	未成年人/n	28	0.0011
80	玛格丽特/per	27	0.001
81	清华大学/org	27	0.001
82	实事求是/i	27	0.001
83	江苏卫视/org	27	0.001
84	好不容易/l	27	0.001
85	厄瓜多尔/loc	27	0.001
86	不仅如此/l	27	0.001
87	不可思议/i	27	0.001

续表

序号	四字格	频数	频度
88	不由自主/i	26	0.001
89	对外开放/l	26	0.001
90	高等教育/l	26	0.001
91	长篇小说/l	26	0.001
92	解放思想/i	26	0.001
93	少年儿童/l	25	0.001
94	切身利益/l	25	0.001
95	共产党人/n	25	0.001
96	二氧化碳/n	25	0.001
97	爱德华兹/per	25	0.001
98	恶性循环/l	24	0.0009
99	泪流满面/l	24	0.0009
100	国民收入/n	24	0.0009

我们认为，“名＋名”式四字格也包括四字格整体为名词性语义的四音节音译词或半音译词等。表 2-3 中的 100 个四字格中，包含 41 个“名＋名”式四字格。

根据词性将表 2-3 中的 100 个四字格按属性分类后得到 12 类。如下表 2-3-1 所示：

表 2-3-1

序号	属性	词语数量	频数	频度
1	n	24	1614	0.0626
2	l	31	1368	0.0530

续表

序号	属性	词语数量	频数	频度
3	per	12	654	0.0253
4	org	11	536	0.0207
5	nz	2	363	0.0141
6	i	9	305	0.0118
7	loc	5	246	0.0095
8	c	2	182	0.0070
9	j	1	106	0.0041
10	num	1	45	0.0017
11	q	1	40	0.0016
12	a	1	1	0.0017

其中，属性为名词的四字格出现的频度最高；从词语数量上说，习用语最多，但其使用频数不及名词，因而在频度上位列第二；接下来是同属于专有名词的人名、机构名和其他专有名。成语的出现个数虽然较多，但每个词出现的频数不多，因此其在四字格中的总频度仅排在第六位。

我们也统计了 2000～2009 年语料中频数处于前 100 位的四字格（表 2-4）：

表 2-4　频数处于前 100 位的四字格（2000～2009 年语料）

序号	四字格	频数	频度
1	社会主义/n	386	0.016
2	义务教育/l	304	0.0126
3	市场经济/n	280	0.0116
4	函授大学/n	255	0.0106

续表

序号	四字格	频数	频度
5	高等教育/l	129	0.0054
6	也就是说/l	91	0.0038
7	各种各样/l	85	0.0035
8	斯图尔特/loc	82	0.0034
9	另一方面/c	80	0.0033
10	人大代表/n	75	0.0031
11	二氧化碳/n	73	0.003
12	恐怖主义/n	69	0.0029
13	无论如何/l	67	0.0028
14	小心翼翼/i	67	0.0028
15	清清楚楚/z	66	0.0027
16	以人为本/l	63	0.0026
17	发达国家/l	61	0.0025
18	帕瓦罗蒂/per	60	0.0025
19	知识分子/n	58	0.0024
20	莫名其妙/i	58	0.0024
21	不可思议/i	56	0.0023
22	绝大多数/l	56	0.0023
23	对外开放/l	54	0.0022
24	高新技术/n	54	0.0022
25	经济学家/n	54	0.0022
26	领导班子/n	53	0.0022
27	国民经济/n	53	0.0022

续表

序号	四字格	频数	频度
28	好不容易/l	50	0.0021
29	党委书记/n	49	0.002
30	一般来说/l	48	0.002
31	社会科学/l	48	0.002
32	计划生育/l	47	0.0019
33	尤伯罗斯/per	45	0.0019
34	干干净净/z	45	0.0019
35	不知不觉/i	44	0.0018
36	行政部门/n	44	0.0018
37	代表大会/n	44	0.0018
38	与此同时/c	44	0.0018
39	生产总值/n	43	0.0018
40	生产能力/l	43	0.0018
41	泪流满面/l	43	0.0018
42	不好意思/a	42	0.0017
43	中华民族/n	42	0.0017
44	固定资产/l	41	0.0017
45	大大小小/z	41	0.0017
46	陈冯富珍/per	41	0.0017
47	坚定不移/i	40	0.0017
48	精神文明/n	39	0.0016
49	千方百计/i	38	0.0016
50	人际关系/n	37	0.0015

续表

序号	四字格	频数	频度
51	不由自主/i	36	0.0015
52	成千上万/i	36	0.0015
53	哈哈大笑/l	36	0.0015
54	高等学校/l	36	0.0015
55	前所未有/i	36	0.0015
56	平方公里/q	35	0.0015
57	计划经济/n	35	0.0015
58	共产党员/n	35	0.0015
59	非公有制/b	35	0.0015
60	第三产业/l	35	0.0015
61	招商引资/l	35	0.0015
62	政府部门/n	34	0.0014
63	大吃一惊/l	34	0.0014
64	实事求是/i	34	0.0014
65	圣诞老人/n	33	0.0014
66	毫无疑问/l	33	0.0014
67	四中全会/j	33	0.0014
68	中小企业/j	33	0.0014
69	综合治理/l	33	0.0014
70	长期以来/l	33	0.0014
71	不以为然/i	33	0.0014
72	中小学生/n	32	0.0013
73	奥林匹克/nz	32	0.0013

续表

序号	四字格	频数	频度
74	可想而知/i	32	0.0013
75	实实在在/z	31	0.0013
76	有限公司/n	31	0.0013
77	许许多多/num	31	0.0013
78	退耕还林/l	31	0.0013
79	中国政府/org	31	0.0013
80	乡镇企业/n	30	0.0012
81	工人阶级/n	30	0.0012
82	引人注目/i	29	0.0012
83	不知所措/i	29	0.0012
84	一无所知/i	28	0.0012
85	意识形态/l	28	0.0012
86	诺贝尔奖/nz	27	0.0011
87	少数民族/n	27	0.0011
88	跨国公司/n	27	0.0011
89	最高法院/n	27	0.0011
90	中共中央/org	27	0.0011
91	不一会儿/l	26	0.0011
92	中纺公司/org	26	0.0011
93	这就是说/c	26	0.0011
94	北京大学/nt	26	0.0011
95	未成年人/n	26	0.0011
96	务工人员/n	26	0.0011

续表

序号	四字格	频数	频度
97	弗朗西斯/per	26	0.0011
98	理所当然/i	26	0.0011
99	一模一样/i	26	0.0011
100	人民日报/nz	26	0.0011

这一时段语料库中析出的100个四字格中包含34个“名+名”式四字格。将这一时段语料库中析出的100个四字格分类后得到15类。如下表2-4-1所示：

表2-4-1　按词性分类的频数处于前100位的四字格（2000～2009年语料）

序号	属性	词语数量	频数	频度
1	n	31	2101	0.0869
2	l	27	1590	0.0662
3	i	17	648	0.0270
4	z	4	183	0.0076
5	per	4	172	0.0072
6	c	3	150	0.0062
7	nz	3	85	0.0035
8	org	3	84	0.0035
9	loc	1	82	0.0034
10	j	2	66	0.0028
11	a	1	43	0.0017
12	b	1	35	0.0015
13	q	1	35	0.0015
14	num	1	31	0.0013
15	nt	1	26	0.0011

其中排名前三的名词、习用语和成语在词语数量和频度上占绝对优势，前三类的词语数量占前100个总词语数量的75%，其频数占总频数的82%。其中，排名第一的名词出现的个数最多、频率最高；排名第三的成语在词语数量上较名词和习用语相差较多，但还是与位列其后的状态词和人名有一定差距。

我们还统计了2000年以前语料中频数处于前100位的四字格，如表2-5所示：

表2-5　频数处于前100位的四字格(2000年以前语料)

序号	四字格	频数	频度
1	社会主义/n	1721	0.0793
2	国民经济/n	548	0.0253
3	知识分子/n	369	0.017
4	五年计划/n	338	0.0156
5	资产阶级/n	294	0.0136
6	基本建设/l	292	0.0135
7	资本主义/n	291	0.0134
8	帝国主义/n	257	0.0118
9	科学技术/n	205	0.0095
10	经济效益/n	199	0.0092
11	无产阶级/n	190	0.0088
12	代表大会/n	166	0.0077
13	精神文明/n	141	0.0065
14	阶级斗争/l	132	0.0061
15	少数民族/n	112	0.0052
16	工人阶级/n	111	0.0051

续表

序号	四字格	频数	频度
17	生产资料/n	108	0.005
18	对外开放/l	105	0.0048
19	另一方面/c	98	0.0045
20	固定资产/l	94	0.0043
21	国家机关/l	89	0.0041
22	共产主义/n	82	0.0038
23	坚定不移/i	82	0.0038
24	市场经济/n	80	0.0037
25	计划生育/l	79	0.0036
26	无论如何/l	72	0.0033
27	统一战线/l	72	0.0033
28	高等学校/l	71	0.0033
29	共产党员/n	70	0.0032
30	修正主义/n	69	0.0032
31	官僚主义/n	69	0.0032
32	三中全会/j	69	0.0032
33	第三世界/n	67	0.0031
34	和平共处/l	65	0.003
35	对外贸易/l	64	0.003
36	农副产品/j	63	0.0029
37	安定团结/l	63	0.0029
38	霸权主义/n	62	0.0029
39	自力更生/i	62	0.0029

续表

序号	四字格	频数	频度
40	生产能力/l	58	0.0027
41	不好意思/a	58	0.0027
42	艰苦奋斗/i	58	0.0027
43	中华民族/n	58	0.0027
44	实事求是/i	57	0.0026
45	商品经济/n	53	0.0024
46	中国政府/org	51	0.0024
47	民主党派/n	50	0.0023
48	超级大国/n	48	0.0022
49	尤伯罗思/per	48	0.0022
50	乡镇企业/n	47	0.0022
51	生产总值/n	47	0.0022
52	毫无疑问/l	45	0.0021
53	国民收入/n	45	0.0021
54	文化教育/l	45	0.0021
55	托尔斯泰/nr	45	0.0021
56	中共中央/org	44	0.002
57	非生产性/b	43	0.002
58	发达国家/l	43	0.002
59	社会科学/l	43	0.002
60	不正之风/i	42	0.0019
61	绝大多数/l	42	0.0019
62	也就是说/l	42	0.0019

续表

序号	四字格	频数	频度
63	不由自主/i	40	0.0018
64	高等教育/l	40	0.0018
65	重工业部/n	40	0.0018
66	综合治理/l	39	0.0018
67	人民公社/l	38	0.0018
68	不知不觉/i	38	0.0018
69	独立自主/l	38	0.0018
70	通货膨胀/l	38	0.0018
71	物质文明/n	38	0.0018
72	自然灾害/l	38	0.0018
73	平等互利/l	38	0.0018
74	各行各业/l	38	0.0018
75	小心翼翼/i	37	0.0017
76	哈哈大笑/l	37	0.0017
77	无可奈何/i	37	0.0017
78	不慌不忙/i	37	0.0017
79	全心全意/i	36	0.0017
80	不可避免/l	36	0.0017
81	高新技术/n	36	0.0017
82	经济特区/l	35	0.0016
83	社会制度/l	35	0.0016
84	群众运动/l	34	0.0016
85	苏格拉底/nr	34	0.0016

续表

序号	四字格	频数	频度
86	有朝一日/i	34	0.0016
87	因地制宜/i	33	0.0015
88	老老实实/z	33	0.0015
89	马列主义/n	33	0.0015
90	千方百计/i	33	0.0015
91	莫名其妙/i	33	0.0015
92	无动于衷/i	32	0.0015
93	国营企业/n	32	0.0015
94	领导班子/n	32	0.0015
95	集体经济/l	32	0.0015
96	坚持不懈/i	32	0.0015
97	意识形态/l	32	0.0015
98	殖民主义/n	32	0.0015
99	与此同时/c	31	0.0014
100	人民日报/nz	30	0.0014

据统计，在2000年以前语料频数处于前100位的四字格包含49个“名＋名”式四字格。

将这一时段语料库中析出的100个四字格分类后得到11类，如下表2-5-1所示：

表2-5-1　按词性分类频数处于前100位的四字格（2000年以前语料）

序号	属性	词语数量	频数	频度
1	n	36	6140	0.2835
2	l	34	2064	0.0955

续表

序号	属性	词语数量	频数	频度
3	i	17	723	0.0334
4	j	2	132	0.0061
5	c	2	129	0.0059
6	nr	3	109	0.0051
7	org	2	95	0.0044
8	a	1	58	0.0027
9	per	1	48	0.0022
10	b	1	43	0.002
11	z	1	33	0.0015

其所呈现出的四字格属性分布情况与2000～2009年语料库中的情况非常相似，排名前三的依然是名词、习用语和成语，且这三者在词语数量和频度上占绝对优势，前三类词语数量占总词语数量的87％，频数占总频数的93％。四字格的名词和习用语在词语数量上几乎相当，名词使用的频数是习用语的3倍。排名第三的成语在词语数量和频数上较名词和习用语有明显的下降，但还是与后面的各类仍保持较大的差距。

通过以上对三个时段的频度处于前100位的四字格的分析，可以看出在任何一个时段的四字格中占绝对优势的都是名词，在“频数处于前100位的四字格(2010～2013年语料)”中列在第三和第四位的人名和机构名从广义上来说，也属于名词的范畴。其次是习用语，即普通四字格。它们中的大部分是由四字格临时短语约定俗成发展成为四字格固定短语的，具有稳定词形和特定的意义，如“发达国家”“恶性循环”“反腐倡廉”等。然后是成语，四音节的成语在现代汉语中仍占有较大的比重。在高频使用的四字格中，“名＋名”式四字格是四字格中重要组成部分，其数量在三个时段中分别占总词语数量的41%、34%和49%。"名+名"式四字格的属性主要是名词，包括人名、地名、机构名，如"社会主义""陈冯富珍""中国日报"，以及一部分习用语，如"经济危机""长篇小说"等。

频数共同出现在三个时段语料库前100位的四字格，共63个。其中，同时出现在两个时段语料库中前100位的"名+名"式四字格有38个：

不可思议　二氧化碳　高等学校　高新技术　各种各样
工人阶级　共产党员　固定资产　国民收入　哈哈大笑
毫无疑问　好不容易　经济学家　精神文明　泪流满面
领导班子　莫名其妙　诺贝尔奖　平方公里　千方百计
前所未有　人大代表　人际关系　少数民族　社会科学
生产能力　通货膨胀　未成年人　无可奈何　乡镇企业
以人为本　义务教育　意识形态　政府部门　中小企业
资本主义　自然灾害　综合治理

同时出现在三个时段前100位的"名+名"式四字格有25个：

不好意思　不由自主　不知不觉　代表大会　对外开放
发达国家　高等教育　国民经济　计划生育　坚定不移
绝大多数　另一方面　人民日报　社会主义　生产总值
实事求是　市场经济　无论如何　小心翼翼　也就是说
与此同时　知识分子　中共中央　中国政府　中华民族

按属性将频数出现在三个时段语料库前100位的63个四字格中分类后，再按频度从高到低排列，结果显示排列在前三位的分别是名词、习用语和成语，这三者的词语数量占63个四字格总词语数量的69.8%，其中名词在词语数量和频数上所占的比例最大，词语数量占总词语数量的34.9%，频数占总频数的54.1%。其中"名+名"式四字格共计30个，占词语数量的47.6%；在出现频度最高的前10个四字格中，排在前七位的全部是"名+名"式四字格，且均为

偏正式“名＋名”式四字格。排名第一的四字格“社会主义”在三个时段的语料库中，无论是在词语数量还是频数上都是第一名，其频度在“2010～2013 年语料库”、“2000～2009 年语料库”和“2000 年以前语料库”中分别为 1.3％、1.6％和 7.9％，四字格“社会主义”在 2000 年以前的语料中出现的频率最高，大大超过了 2000 年以后的语料中的频率。

“名＋名”式四字格的属性比较单一，以名词(n)、习用语(l)为主，也包括少量的其他专有名词(nz)、机构名(org)和量词(q)。因此可见，由名词和名词组合而成的四字格仍以名词属性为主，如“社会主义”“国民经济”“知识分子”等四字格作为一个整体，具有名词属性，即被整体当作一个在词形和语义上都较为稳定的名词。词较短语有着更为稳定的形式和语义，“名＋名”组合也构成了许多习用语，主要是短语，如“义务教育”“计划生育”“自然灾害”等，这些四字格不适合被整体当作一个名词，更适合当作在词形和语义都较为稳固的固定短语。有的习用语不但具有四字格固定短语的形式，还进一步产生了相应的双音节缩略形式，如四字格“生产能力”“社会科学”及相应的缩略语“产能”“社科”等。

通过对语料库中析出的高频使用的“名＋名”式四字格进行分析后发现，语料库中的“名＋名”式四字格具有以下一些基本的特征。

首先，从句法特征上看，在三个时段语料库中频数同时出现于前 100 的 63 个“名＋名”式四字格的名词组合是稳定的，其内部不能被插入其他词语，N_1 和 N_2 也不能随意调整顺序，在句子中具有独立充当主语、宾语等句子成分的能力。

再次，从语义特征上看，这些“名＋名”式四字格具有充分的语文理据和文化理据。而且，N_1 和 N_2 所构成的四字格涵盖丰富信息量。在语料库中处于使用频率最高层级的四字格都具备极其丰富和稳定的语义。例如“社会主义”“义务教育”“计划生育”都是具有特定语义内涵的名词，这些四字格的语义不能从构成该词的两个名词的语义直接推导出来。而其中的机构名，如"中共中央""中国政府"，以及专有名词，如"人民日报""诺贝尔奖"都是以唯一的词形稳定地表达着某一特定的语义。

最后，高频出现的四字格多以更稳定的词的形态出现。频数同时出现在三个时段语料库前100位的63个"名＋名"式四字格中，名词有19个，其频数占63个四字格总频数的79.4%；量词有1个，其频数占总频数的0.9%；而作短语的习用语有5个、其他专有名词和机构名均是2个，四字格短语的频数占总频数的19.7%。

值得关注的是，这63个"名＋名"式四字格，有3个四字格具有双音词缩略形式，即"计划生育（计生）""生产能力（产能）""社会科学（社科）"，其中"计生"多和其他词连用，如"计生委""计生工作"等。除此之外，还有2个四字格本身即为缩略形式，即"人大代表"为"人民代表大会代表"的简称，"中共中央"为"中国共产党中央委员会"的简称，四字格替代了原来的八音节和十音节短语，简缩为合适的词长，却保留了短语原来的本义。四字格的简称形式能实现对其短语形式全称的语义等同的替代，是一种符合认知记忆规律的高效表达形式，因而在政府工作报告或新闻报刊等各种题材的书面语中广泛使用。

（二）"名＋名"式四字格的提取和频度分析

本章节所分析的"名＋名"式四字格都是没有被系统自动划分为四字格，而是通过查找语料库中前后相邻的词语为名词且其音节数为四的"名＋名"组合，这些"名＋名"组合可能是四字格的任何一种形态，如四字格固定短语、四字格准固定短语或四字格临时短语。绝大部分的"名＋名"组合都属于四字格临时短语，而只有极少部分专有名词等形式的四字格因种种原因未被系统自动划分为四字格固定短语。

由于本研究主要围绕“名＋名”式四字格展开论述如不特别加以说明，以下所出现的“四字格”都实际指称“名＋名”式四字格。但某些地方也仍使用“名＋名”式四字格这一概念，或是为了强调，如使用在各类标题或者总结性的文字中；或是为了避免引起误解，如四字格与“名＋名”式四字格在同一段中被提及使用等。在语料库动态分析中，也一并采用“名＋名”组合这一提法，以特别指示那类在位置上前后相连但名词和名词的黏合度特别低的“名＋名”组合。

对“名＋名”组合的提取和统计分析，所选用的是自建语料库中的第一个时段(2010～2013 年)中的语料，这部分语料主要来自政府工作报告、报纸、杂志、书籍和网络。选用这部分语料的原因有二：一是这个时段的语料最具时效性，最能真实生动地反映当代语言的使用面貌；二是所选用的语料已经具有相当的规模(约 18MB)，能较为客观地反映名词和名词组合的规律。

考虑到绝大部分的“名＋名”式四字格都是“2＋2”的结构，即为两个双音节名词组合的四字格形式，其他如“3＋1”“1＋3”“1＋1＋1＋1”结构的四字格所占的比例极低。因此，从所选用的语料库中析出的都是由两个双音节名词组合而成的四字格。由于给系统设置的筛选命令是提取前后相邻的两个双音节名词，因此系统自动析出的前后相邻的两个双音节名词有时可能并不具有四字格的形式，比如未考虑到标点，而将标点前后的两个双音节名词一并析出。

如被顿号分隔开的“领导”和“人民”：

(12)过去/Tim 一年/Tim 里/f ，/w 全国/n 人大/j 及其/c 常委会/j 坚持/v 党/n 的/u 领导/n 、/w 人民/n 当家作主/l 、/w 依法/d 治国/v 有机/d 统一/a 。

(《凝聚亿万人民的力量》，《人民日报》2010 年 3 月 5 日)

还有些兼类词，如动名兼类词“组织”被系统自动划分为名词，但在下例中它实际上是动词。“组织”和“人马”不能被看成是“名＋

名"组合,如:

(13)田好谦/per 临危/v 不/d 乱/a ,/w 组织/n 人马/n 协助/v 具/vg 公/ng 将/p 叛军/n 消灭/v 。/w

(崔东汇:《血脉的硬度》,《读者》2007 年 3 月)

从析出结果来看,以上这些由于标点符号或者兼类词的词形划分问题而造成的"名＋名"式四字格析出的失误只是极少的情况,不会影响对语料库析出的"名＋名"组合的统计和分析。

据统计,2010～2013 年语料库中,所包含语料的词种为 87849 类(含字母词和标点),总词次为 2572404(含字母词和标点)。以词长为标准对语料进行词种、词次和频率的统计结果,如表 2-6 所示。从 2010～2013 语料库中共析出在句中位置前后相邻的双音节名词组合共有 19500 组。

表 2-6　　词种和词次统计(2010～2013 年语料库)

词长	词种	累计词次	累计频率
1 字词	8968	1372039	53.5839%
2 字词	43782	1061117	40.9663%
3 字词	18021	93979	3.6590%
4 字格	8766	29407	0.9999%
5 字词	2849	5786	0.1778%
6 字词	1746	2674	0.0651%
7 字词	1555	2257	0.0545%
8 字词	772	897	0.0095%
9 字词	461	984	0.0086%
0 字词	929	3665	0.1126%
合计	87849	2572805	99.64%

(以上表格中的数据是包括字母和标点的统计结果)

(三)“名＋名”式四字格的搭配和分布分析

将从语料库中析出19500组的双音节名词组合整理后，按照频数统计，结果如表2-7所示：

表2-7 “名＋名”组合频数统计

频数	个数	所占语料库比重
大于100	10	0.000512821
50～99	22	0.001128205
30～49	42	0.001128205
20～29	66	0.003384615
10～19	270	0.013846154
9	85	0.004358974
8	98	0.005025641
7	129	0.006615385
6	201	0.010307692
5	262	0.013435897
4	509	0.026102564
3	988	0.050666667
2	2728	0.139897436
1	14090	0.722564103
总计	19500	1

只出现了一次的“名＋名”组合最多，占总数的72％，这些“名＋名”组合并未被系统自动划分为四字格，它们极低的出现频率与这些“名＋名”组合未被系统自动划分为四字格是相一致的。它们绝大部分是四字格临时短语。因此，我们将这些从语料库中析出的

"名+名"组合称为"名+名"式四字格临时短语。

我们不但要关注于那些高频出现的"名+名"式四字格,也要重视这些低频出现的"名+名"式四字格临时短语,分析其作为"名+名"式四字格的特点、处于四字格固化的哪一阶段以及相关的固化特征。

表 2-8　　频数超过 100 次的"名+名"组合

	词 1	词 2	属性 1	属性 2	频数	频度
1	齐鲁/nz	晚报/n	nz	n	700	0.0272
2	国际/n	金融/n	n	n	219	0.0085
3	金融/n	危机/n	n	n	205	0.008
4	经济/n	社会/n	n	n	196	0.0076
5	地方/n	政府/n	n	n	191	0.0074
6	人民/n	群众/n	n	n	169	0.0066
7	领导/n	干部/n	n	n	158	0.0061
8	工商/n	链条/n	n	n	124	0.0048
9	基础/n	设施/n	n	n	121	0.0047
10	金融/n	机构/n	n	n	109	0.0042

从表 2-8 中可以看出,语料库(2010~2013 年)中使用频数超过 100 次的名词和名词的搭配共有 10 组。这 10 组高频"名+名"组合,除了"人民群众"和"领导干部"两个短语是并列式短语以外,其他 8 组都是偏正式短语。仅就结构而言,高频使用的"名+名"组合都具有成为四字格固定短语的可能性,只是它们可能暂时尚处于四字格临时短语的阶段。这些四字格短语中 80%是偏正短语的形式,这与对四字格固定短语静态分析时体现出的偏正式占四字格固定短语的绝大多数的情况是一致的。

"齐鲁晚报"一词在频数上遥居首位,它作为一个表示报刊名称的专有名词,应属于四字格固定短语,其出现的次数之多,主要由于

“齐鲁晚报”是语料库的主要语料来源之一，但又未被系统自动识别为四字格，因而在“名＋名”组合中的频数占据第一。

包含名词“金融”的“名＋名”组合有3组，分别是“国际金融”“金融危机”和“金融机构”，如此高的出现频率可看出媒体对于经济类新闻的关注。语料库中被自动划分为四字格的包含“金融”的词语有3个，分别为“省金融办”“金融公司”和“金融资本”，前2个都因作为专有名词而成为四字格固定短语，构成四字格“金融资本”的名词“金融”和“资本”，两者语义密切相关，不仅高频地搭配使用，并且有特指的语义，以“金融资本”来指工业垄断资本和银行垄断资本在一起而形成的垄断资本。由此可知，“金融资本”成为一个语义稳定且在词形上不能被拆分的四字格固定短语。“金融危机”不但在句法和语义上符合四字格固化的基本特征，而且在一定程度上可以被视作专有名词。因为它不但可以泛指国家或地区金融指标的急剧恶化，也可以特指具体的历史事件，如1997年亚洲金融危机、2007年全球金融危机等。而“国际金融”和“金融机构”均为偏正短语，它们并不具有显著的四字格固化的特征，既非表达特定概念的专有名词，其语义透明度也相对较高，还不能成为四字格固定短语，是为使用频率较高的“名＋名”式四字格临时短语。

在“名＋名”组合中，“经济社会”虽然使用频率较高，但仍未被系统自动划分为四字格，因为它还不完全具有四字格固定短语的基本特征。它在句中的使用情况如下：

(14)由于/c 收入/n 分配/vn 的/u 问题/n 涉及面/n 广/a ，/w 既/c 是/v 民生/n 问题/n ，/w 又/d 事关/v 经济/n 社会/n 发展/vn 的/u 全局/n ，/w 具有/v 长期性/n 、/w 艰巨性/n 、/w 复杂性/n 的/u 特征/n ，/w 所以/c 必须/d 着眼/v 长远/a 、/w 统筹/vd 考虑/v 。/w

（王红茹：《业内人士称收入分配改革方案可能今年出台》，《中国经济周刊》2011年1月4日）

(15)广大/b 妇女/n 以/p 奋斗/v 求/v 平等/a 、/w 以/p 贡献/n 求/v 地位/n ,/w 不仅/c 实现/v 了/u 自己/r 的/u 解放/vn ,/w 也/d 推动/v 了/u 经济/n 社会/n 的/u 发展/vn。/w

(《创造新业绩,谱写新篇章》,《人民日报》2010年3月7日)

"经济社会"可以作句子中的主宾成分,但从语义上看,它还没有成为有着规范且固定语义的专有名词,其出现的文体也一般集中于政论性很强的报纸社论中等,传播范围和受众相对较窄。所以,"经济社会"虽然出现的频率较高,但还未能成为四字格固定短语。与此相类似的是"名+名"组合"地方政府"如:

(16)提升/v n 中央政府/n 对/p 地方/n 政府/n 监管/vn 的/u 及时性/n ,/w 提升/v 不同/a 部门/n 间/f 有关/vn 土地/n 开发/v 使用/v 信息/n 的/u 共享性/n ,/w 并/c 保障/vn 人民/n 群众/n 的/u 监督权/n 。/w

(徐立凡:《遏制违法用地的冲动》,《人民日报》2010年5月26日)

"地方政府"是与"中央政府"相对的概念,虽使用频率较高,但该短语的语义透明度高,且不具备显著的专名性质,因此所具有的四字格固化特征并不明显,不能成为四字格固定短语。

在高频使用的"名+名"组合中,并列式组合只占20%,即"人民群众"和"领导干部"①两个并列式"名+名"组合。并列式"名+名"四字格的数量较少,最主要的原因是并列的 N_1 和 N_2 除了表示相反

---

① 《现代汉语词典》第6版"人民"词条释义为"以劳动群众为主体的社会基本成员"。"群众"释义为"1.泛指人民大众。2.指没有加入共产党、共青团组织的人。3.指不担任领导职务的人"。"领导"释义为"1.动词,率领并引导;2.名词,担任领导工作的人"。"干部"释义为"1.国家机关、军队、人民团体中的公职人员(士兵、勤杂人员除外);2.指担任一定的领导工作或管理工作的人员"。其中,"干部"既可指普通公职人员,也可指有领导职务的公职人员。"领导干部"可被认为是偏正短语或并列短语。此处,取其作并列短语的语义。

或相关的语义以外，还常常表达相同或相近的语义。从经济性原则来看，语言追求的是以最简约的形式来表达最丰富的内容，语义相同或相近的 N_1 和 N_2 用四音节词长的四字格，表达了双音节词相同的语义，并不符合语言经济规律的原则。因此，只有那些为了达到某些特定效果如强调、特指等，才有少量的并列式“名+名”式四字格固定短语被保留和使用。N_1 和 N_2 的语义几乎完全对等的并列短语“人民群众”和“领导干部”以同义复现来达到强调的效果，主要出现在较为正式的书面文体中，如：

(17)只要/c 各级/r 党组织/n 、/w 广大/b 党员/n 干部/n 特别/d 是/v 领导/n 干部/n 履职/vn 尽责/a 、/w 率先垂范/l ，/w 我们/r 就/d 能够/v 保持/v 党/n 的/u 先进性/n ，/w 推动/v 党/n 和/c 人民/n 事业/n 不断/d 向前/v 发展/v 。/w

(《争当时代先锋 永葆生机活力——热烈庆祝中国共产党成立八十九周年》,《人民日报》2010 年 7 月 1 日)

(18)必须/d 切实/ad 加强/v 党/n 对/p 经济/n 工作/vn 的/u 领导/n ，/w 全党/n 同志/n 特别/d 是/v 领导/n 干部/n 要/v 拿出/v 精气神/n 来/f ，/w 保持/v 奋发有为/i 的/u 精神/n 状态/n 。/w

(《坚持稳中求进奋力扎实开局》,《人民日报》2012 年 12 月 16 日)

一般而言，使用频率越高的“名+名”组合固化为四字格固定短语的概率也越高。以上对语料库中出现频数很高的偏正式和并列式“名+名”组合都还不完全具备四字格固化的基本特征，并未能完成固化的过程而发展成为四字格固定短语。与此相一致的是，计算机分词系统也未将其识别为在词形和语义上具有整体性的四字格。

在语料库中出现频数低于 100 的“名+名”组合的情况与我们所着重分析的出现频数高于 100 的“名+名”组合的情况相类似。除了包括大量词形和语义都不够稳定的“名+名”组合以外，语料库中还包括极少量的应属于四字格固定短语的专名，如“扬子晚报”

"青年文摘""环球时报"等。

某些"名＋名"组合还表现出影响四字格固化的消极特征，如有双音词缩略形式的四字格在词形上的稳定性不强。语料库中的"名＋名"组合"股票市场"一词出现的频数为39次，其双音节缩略语"股市"出现的频数则为283次，双音节缩略语在频数上远远高于四字格。但这种情况也偶有例外，如"名＋名"组合"官方网站"一词出现的频数为35次，双音节词"官网"仅为1次，这是因为"官网"出现较晚、使用的时间较短，其流通度和认可度还未达到取代"官方网站"的程度。

三、并列式"名＋名"式四字格临时短语分析

（一）"名＋名"的搭配理据

名词和名词组配成新的词语是语言中构成新词的一种重要手段。英语是屈折语的典型代表，在英语词汇中就有许多由名词和名词组成的复合词，如bookshop（书店），newspaper（报纸），basketball（篮球），homework（家庭作业）等。作为孤立语代表的汉语，也有很多由名词和名词组合而成的新词语。杨振兰通过观察汉语新词的语义，发现双音节名词往往能够与其他名词相组合，并表现出一定的规律性。"新词中的名词占有很大的比重，其中有 部分名词构造词组的能力很强，而且主要与名词相组合，以表示新的事物"，例如"智能材料""智能武器"，"绿色食品""绿色奥运"，"生态工程""生态环境"，等等。"从结构、组合、意义及语用方面看，它们虽然还不是固定词组，但是已经具有一定程度的凝固性和整体性，不完全等同于自由词组。"[①]有的词能和大量的词搭配，有的词只能和少量的

① 杨振兰：《新时期汉语新词语语义研究》，齐鲁书社2007年版，第46～47页。

词搭配，词的组配能力有强有弱。汉字亦然，汉字与其他汉字组合的构词能力也是极为不均衡的。尹斌庸对汉字的构词能力考察后得出结论：“如果把汉字的构词能力分为三类：(1)构词在5个以下的，称为构词能力‘弱’，这样的汉字占4000个常用字的0.43；(2)构词在6～29个的，称为构词能力‘中等’，这样的汉字占4000个常用字的0.39；(3)构词在30个及以上的，称为构词能力强，这样的汉字占4000个常用字的0.18构词能力‘强’，构词能力‘非常强’的汉字只是汉字当中的一小部分而已。”[①]构词能力为中等及以下(即构词能力低于30个)的汉字占82%，构词能力强(即构词能力高于30个)的汉字只占18%。名词与其他名词的组配能力也有强有弱，有的名词既常常独用，也能和数量众多的名词搭配使用，如“绿色”，“名＋名”组合的短语有绿色食品、绿色标志、绿色家园等；有的名词较少独用，常常和其他名词搭配，如“主义”类，机会主义、社会主义、共产主义等，“电子”类，电子邮件、电子词典、电子货币等，“军事”类，军事法庭、军事管制、军事基地等。

词语的产生过程都兼具随意性和理据性，以“名＋名”式四字格为例，表达某个概念所选用的名词首先是随意的，因为词库中的名词数量相当庞大，意义相近或者相关的名词数量也很多，用哪一种“名＋名”组合形式来表达这一概念则有多种可能性。但是，只有那些符合语言经济性、理据性等基本要求的“名＋名”组合经过优胜劣汰，才能成为该概念的表达形式，并继续发展为固定形式或被淘汰。

四字格和复合词虽然是处于不同语言单位上的词语，但汉语的递归性使得两者在生成特点上具有一定的相似性。王艾录、司富珍分析了复合词生成的特点，认为有以下六类情形：第一类是词语的语素义、词义、内部形式都一目了然，一般不必查阅辞书，如“牛车”为偏正结构，意为“牛拉的车”。第二类是词的语素义、内部形式都

① 尹斌庸：《现代汉字的定量研究》，《语文建设》1991年第11期。

不明,所以词义也不明,如"宸翰",意为"帝王写的字"。第三类是词的语素义虽明,但词义和内部形式都不明。例如"猫鱼"是动宾结构还是并列结构?第四类是词的语素义、内部形式虽明,但词义不明。如"黑洞",语素义和偏正式结构都明确,但词义表明其为使用范围较窄的专业术语。第五类是语素义、词义皆明,但内部形式不明。如"傻瓜相机""鸵鸟政策"等。第六类是语素义、内部形式、词义皆明,但其折射于内部形式的语文理据不明。如"抱佛脚""戴绿帽子"等。[①] 以上的分类所依据的主要是语素义、词义、内部形式。

借用复合词生成的三个要素来考察"名+名"式四字格得出以下结论:从语素义来看,组成四字格的名词一般语素义明晰且丰富;从词义来,四字格的语义与构成其的名词语义密切相关,且一般四字格整体语义不仅仅是名词语义的简单相加,而常常有因"名+名"组合而产生的比喻义等;从内部形式上看,四字格多为偏正式和并列式结构,这是由其组成成分的名词性质决定的。因此,对"名+名"式四字格的理据分析应该集中于语义部分,即考察"名+名"搭配后,作为四字格成分的名词所产生的语义变化以及名名整体的语义。

(二)完全并列式四字格临时短语固化分析

在语料库中,使用频数排名前100位的"名+名"组合中仅有6例,如下(括号中为其在语料库中出现的频数):

人民群众[②](169)　领导干部(158)　体制机制(39)

爸爸妈妈(33)　法律法规(27)　农业农村(25)

使用频数排名前10位的"名+名"组合中只有2组并列式,即"人民群众"和"领导干部",它们均为完全并列式。"体制机制"和"法律法规",是常用的"名+名"组合形式,可被视作四字格临时短

---

① 参见王艾录、司富珍:《语言理据研究》,中国社会科学出版社2002年版,第224~227页。

② 如前所述理由,"领导干部"在此取其作并列短语的语义来展开分析。

语。"爸爸妈妈"是使用频率极高的称谓，但一般不将其看成四字格。"农业农村"实际上是"农业""农村""农民"的"三农问题"中的一部分，由于并不具有完整性，因此也不适合将其看成四字格临时短语。下面以使用频数最高的并列式"名＋名"式四字格临时短语进行例证分析，以"人民＋N_2""N_1＋群众""领导＋N_2"和"N_1＋干部"在语料库中的"名＋名"组合为对象，考察其特点和分布等，并结合四字格固化特征分析并列式"名＋名"式四字格的固化过程。

根据统计，在语料库中，完全并列式"名＋名"组合"人民群众"(频数为 169 次，频度为 0.0066)，"领导干部"(频数为 158 次，频度为 0.0061)分列"名＋名"组合的频度由高到低排列的第六位和第七位。

首先，以四字格"人民群众"的"N_1＋N_2"组合为例来研究。

1."人民＋N_2"四字格临时短语

"人民＋N_2"的"名＋名"组合共 48 例。其中，"人民群众"频数为 169 次，远远超过排在第二位的频数为 14 次的"人民事业"。频数超过 5 次的"名＋名"组合有 6 例，分别为：

人民事业　人民利益　人民托付
人民公仆　人民时评　人民福祉

频数超过 1 次的"名＋名"组合有 15 组，分别为：

人民军队　人民体育　人民卫士　人民文学　人民主体
人民大学　人民罚单　人民公敌　人民教师　人民身体
人民收入　人民医院　人民英雄　人民智慧　人民尊严

这些短语中包含未被划分为四字格的专有名词，如杂志名"人民文学"、大学名"人民大学"等，也包括一些更适合看成是一般偏正短语的四字格，如"人民智慧""人民尊严"，这些"名＋名"组合的整体语义与组成部分的语义之和相当，而且它们的结构比较松散，在两个名词之间可以插入"的"，并不改变"名＋名"组合的语义。这一点有悖于"四字格内部不能插入其他成分"的词形结构要求。并且，它们也没有和"人民英雄"和"人民公敌"一样，是指代某一概念的固定称谓的专有名词形式。因此，四字格临时短语“人民智慧”和“人民尊严”很难实现四字格的固化。

通过以上分析，可提取出两点四字格的固化特征：

(1)词形结构特征，四字格内部不能插入其他成分；

(2)语义理据特征，作专有名词是成为四字格固定短语的有利因素。

频数为1次的“人民＋N_2”组合为26例，其中，绝大部分都是偏正式短语，“N_2”为名词的组合有7例，分别为：

人民群众　人民公仆　人民公敌　人民教师

人民英雄　人民大众　人民法官

属于并列式的只有“人民群众”和“人民大众”。在其他短语中，“人民”都是作为N_2的修饰或者限定成分出现的。“人民群众”频次为169次，“人民大众”的频次为2次，两个语义相似的“名＋名”式四字格在使用频次上相差如此之大，主要还是由于其内部构词理据。作N_1的“人民”是在感情色彩上政治性比较浓厚的词语，“群众”一般和“人民”同义，还可指“未加入党团的人”，而“大众”侧重于强调人数众多的人，“群众”较“大众”具有更加强烈的政治色彩，因而也与“人民”在感情色彩上更加契合。所以，词语在语义上的重合度越高，越具有成为并列式四字格的有利因素，语义重合度所涵盖的内容也相当广泛，不仅包括基本语义，还包括词语感情色彩等。因此，并列式四字格“人民群众”高频使用，出现在新闻报刊等各类媒体中，来指“一切对社会历史起着推动作用的人们”这一政治色彩浓厚的概念。如：

(19)比如/v ，/w 污染物/n 对/p 当地/s 生态/n 环境/n 的/u 长久/a 危害/vn ，/w 污染物/n 对/p 人民/n 群众/n 身心健康/l 的/u 伤害/vn ，/w 等等/u 。/w

(武卫政：《高污染风险行业没有“小问题”》，
《人民日报》2010年7月15日)

而“大众”除了独用以外，更多的是与政治色彩较弱的名词“社会”连用，以“社会大众”来指“广大的人们”，而“人民大众”出现的频率很低，语料库中仅有2例，如：

(20)说白了/l，/w 这/r 是/v 另/r 一/NUM 种/q 形式/n 的/u 以权谋私/l，/w 谋/v 一/NUM 己/r 之/u 私/Ag，/w 谋/v 小/a 团体/n 之/u 私/Ag，/w 而/c 将/p 此/r 置于/v 广大/b 人民/n 大众/n 的/u 利益/n 之上/f 。/w

(《还有多少这样那样的“超国民待遇”》，《人民日报》2010年5月17日)

2.“N_1＋群众”四字格临时短语

语料库中的“N_1＋群众”共有16例，其中并列式有4例，如：

人民群众　干部群众　农民群众　职工群众

偏正式有10例，如：

基层群众　灾区群众　部分群众　藏族群众　旱区群众
山区群众　地区群众　无辜群众　辖区群众　周边群众

另外2例为“关系群众”和“组织群众”，它们也被系统划分为“名＋名”组合。“关系”和“组织”都是动名兼类词，在与“群众”连用时，“关系”和“组织”更常用是动词用法，因此在此不适合被看成“名＋名”组合。

在并列式“名＋名”组合中，“人民群众”频数为169次，“干部群众”为10次，“农民群众”为7次，“职工群众”为1次。

N_2是“群众”和N_1“人民”两个概念的指代对象基本相似，涵盖范围也大致相同；而作N_1的“干部”“农民”和“职工”这些概念和N_2并不对等，N_1所指代的范围只是N_2的一部分。

“人民群众”的使用率较其他四字格高，有着成词理据上的原因。由于汉语的递归性，一般语义上相似的并列项会比在意义上相对或相反的类别更容易成词。因为如果两个并列项的意义相近，那么并列短语通常不需要经过词类的转换即可成词，如“道路”“人民”等；如果两个并列项的意义是相对或相反的，则常常要通过词类转换才能成词。如“利害”是一个名词性的并列双音词形式，其组成成分的意义相反，经词汇化变成一个形容词。两个语义接近的形式，在概念领域内的距离比两个语义相反或相对的形式接近，在成词过程中黏合得越快，成词动程就越短，成词的可能性自然就越大。

通过以上例证和分析，可以提出以下四字格临时短语的固化特征：

(1)“有充分的语文理据和文化理据”，构成并列式四字格的两个名词，其语义关联密切且相似度高，这种组合形式符合汉语的构词习惯和逻辑思维，易为大众所认知和接受，容易生成为四字格临时短语，并在其他固化条件的共同影响下进一步发展成为固定短语。

(2)“当 N_1 是 N_2 的下位概念时，N_1 和 N_2 的关系不密切，从而影响四字格的固化。”

其次，以四字格“领导干部”的“N_1+N_2”组合为例来研究。

1.“领导＋N_2”四字格临时短语

在语料库中，“领导＋N_2”的组合共 26 例，但因为“领导”为动名兼类词，所以存在实际上是作动词却被误划为名词的个别情况，如“领导/n 人民/n”“领导/n 世界/n”等。“领导/n 干部/n”在某些语境中，“领导”也可能用作动词。但在本语料库中，其都为名词用法，并以频数为 158 次而在“领导＋N_2”的组合中居第一，除了“领导干部”是并列式四字格以外，其他“领导＋N_2”都是偏正结构，如：

领导科学　领导集体　领导核心　领导机关

领导小组　领导岗位

除 N_1“领导”指代具体人之外，其实，N_2 也有指代具体的人的情况，这种类型的“名＋名”组合也可视作偏正结构，如：

领导成员　领导同志

“干部”为外来词，这一概念最初源自法语，而汉语中的“干部”一词是从日语中吸收过来的，表示“在一个组织中担任管理和领导职能的人”。“领导”的概念覆盖面虽然较“干部”更宽，不仅局限于机关、事业单位，还可以指企业、团体等负责人，但在汉语语境中，“领导”和“干部”不仅常常连用，而且常指称相似的概念，尤其是指政府工作部门的内设机构的领导成员。近几年来，“官员”一词出现并广为使用，但在政府文件或政论文章中，“领导干部”出现的频次仍较高。如：

(21)只要/c 各级/r 党组织/n 、/w 广大/b 党员/n 干部/n 特别/d 是/v 领导/n 干部/n 履职/vn 尽责/a 、/w 率先垂范/l ，/w 我们/r 就/d 能够/v 保持/v 党/n 的/u 先进性/n ，/w 推动/v 党/n 和/c 人民/n 事业/n 不断/d 向前/v 发展/v 。/w

（《共产党员要争当时代先锋，永葆生机活力》，
《人民日报》2010 年 7 月 1 日）

2.“N_1＋干部”四字格临时短语

在语料库中，“N_1＋干部”的组合共有 24 例，除“领导干部”以外，其他都是偏正式，如：

基层干部　乡镇干部　工会干部

地方干部　文化干部　国家干部

其中还包括一些 N_1 语义指人的“N_1＋干部”组合，这类“名＋名”组合也可视为偏正式，如：

党员干部　学生干部　藏族干部

在这类“名＋名”组合中，N_1 对 N_2“干部”在语义上起着特征描绘或规定范围等修饰、限制作用。

“领导＋N_2”和“N_1＋干部”构成的四字格临时短语，以偏正式居多，而并列式极少，这种情况既与前面所考察四字格的情况相一致，也是语言经济性原则的具体体现。偏正式四字格较并列式四字格，

能够在相同词长的词语中表达更加丰富的内容。

“领导干部”指代人的身份、称谓，多集中出现在某些正式文体中，它没有完成四字格固化，由此可提出四字格临时短语固化的特征：

属于语义理据条件特征，当四字格为同位结构时，容易产生相应的双音节缩略语形式，从而影响四字格的固化。

（三）小偏正大并列式四字格临时短语固化分析

通过考察语料库中的四字格固定短语和“名＋名”式四字格临时短语，并结合《现代汉语词典》中析出的四字格固定短语所进行的统计分析，我们发现偏正式四字格所占比例最大，并列式所占比例较小。由于小偏正大并列式四字格兼具并列短语和偏正短语的特点，因此小偏正大并列式四字格的数量更是少之又少。

下面以小偏正大并列式四字格“社情民意”为例，讨论四字格临时短语的固化特征。

四字格“社情民意”在现代汉语中使用频次较高，具有稳定的语义和结构，是四字格固定短语。在自建的大语料库中，“社情民意”共出现 9 次，其中在语料库（2010～2013 年）中出现 6 次，在语料库（2000～2009 年）中出现 3 次，在语料库（2000 年以前）中未出现。虽然不能由此认为“社情民意”是近些年的新出词语，但可以证明其在近些年中渐趋活跃的使用情况。它是一个由四字格临时短语逐渐发展为四字格固定短语的典型代表。如：

(22)各界人士/l 表示/v ，/w 多/a 达/v 数亿/num 的/u 网民/n，/w 强大/a 的/u 网络/n 传播/v 能量/n 喷薄而出/l ，/w 是/v 一/m 把/q“双刃剑”/n ，/w 既/c 能/v 进行/v 有效/d 舆论/n 监督/n、/w 反映/v 社情民意/l ，/w 也/c 可能/v 使/v 谣言/n 像/v 超级/a 病毒/n 一样/a 传播/v，像/v 传染病/n 一样/a 危害/v 社会/n 。/w

（《谣言止于网民自律》，《人民日报》2012 年 4 月 10 日）

(23)不断/d 拓宽/v 社情民意/l 表达/v 渠道/n ,/w 搭建/v 多种/num 形式/n 的/u 沟通/vn 平台/n ,/w 把/p 群众/n 利益/n 诉/Vg 求/v 纳入/v 制度化/vn 、/w 规范化/vn 、/w 法制化/vn 轨道/n。/w

(《高度重视人民群众的利益诉求》,《人民日报》2007 年 2 月 16 日)

"社情民意"虽然可以看成是"名+名"式四字格,但"社情"和"民意"也都可作为双音节词而独立使用。《现代汉语词典》中解释"社情"为"社会情况","民意"为"人民共同的意见和愿望"。

通过对语料库中与"社情"和"民意"有关的四字格"社会+N_2"或"人民+N_2"的"名+名"组合进行筛选后发现,"民意"除了有语义相当的"名+名"组合"人民意愿""人民愿望"以外,还有其他表达相似语义的"名+名"组合共 7 例,如下(括号里为出现频数):

人民意愿(2) 人民心声(1) 人民心愿(1)
人民需要(1) 人民意志(1) 人民要求(1)
人民愿望(1)

语料库筛选出的与"社情"语义相当或相关的"名+名"组合共 12 例,分别是:

社会现实(8) 社会现象(7) 社会现状(1)
社会形势(2) 社会舆论(8) 社会舆情(1)
社会状况(1) 社会状态(1) 社会民意(1)
社会图景(1) 社会形势(2) 社会愿望(1)

其中,与"社会情况"语义相似的"名+名"组合有"社会现状""社会状况"等。

双音节词"社情"与"民意"都有在语义上相当或者相似的四字格形式,但也仍通过名词与名词的结合以双音节词语的形式,构成结构对称的新的并列式四字格"社情民意",并随着使用频率的增加而逐渐发展为四字格固定短语。"社情民意"还成为机构组织名称的简缩式，如"广州社情民意研究中心"。

结构对称且语义相当的名词"社情"和"民意"，两两结合为"名＋名"式四字格，并通过高频使用率逐渐完成了固化过程。由此，可提出四字格临时短语的固化特征：

(1)属于语义理据特征的固化特征，四字格中包含缩略成分是其成为四字格固定短语的积极因素。

(2)属于使用频率特征的固化特征，四字格临时短语的使用频率越高，越有利于其固化。

(四)小结

通过以上对并列式四字格"人民群众""领导干部"和与之相关的"名＋名"式四字格临时短语，以及小偏正大并列式四字格"社情民意"和与之相关"名＋名"组合的考察分析，我们提取以下三种四字格临时短语的固化特征：

第一种是词形结构特征，即四字格内部不能插入其他成分。

第二种是语义理据特征，一共有五点，其中三点是具有积极因素的特征：

(1)有充分的语文理据和文化理据。构成并列式四字格的两个名词，如果其语义关联密切且相似度高，那么这种组合形式符合汉语的构词习惯和逻辑思维，且易为大众所认知和接受，容易生成为四字格临时短语，并在其他固化条件的影响下进一步发展成为固定短语。

(2)专有名词是成为四字格固定短语的有利因素。

(3)四字格中包含缩略成分，是其成为四字格固定短语的积极因素。

还有两点是包含消极因素的特征：

(4)当N_1是N_2的下位概念时，N_1和N_2的关系不密切，从而影响到四字格的固化。

(5)当四字格为同位结构时，容易产生相应的双音节缩略语形式，从而影响四字格的固化。

第三种是使用频率特征，即四字格临时短语的使用频率越高，越有利于其固化。

四、偏正式“名＋名”式四字格临时短语分析

(一)搭配理据分析

在“名＋名”式四字格中，偏正式在数量上占绝大多数，该类四字格的语义透明度低。因此，对从语料库中析出的偏正式四字格临时短语固化的考察，也要着重于语义特征方面。首先，从语义上来看，名词和名词搭配构成四字格后，其整体语义既与各个组成部分的语义密切相关，但又不完全简单等同于其各个部分的语义之和。各个组成部分一旦成为四字格整体的各个部分，也就同时获得了新的附加语义。贝塔朗菲的“非加和定律”较好地诠释了这种整体和部分的关系。它主要包括两种情况：一种是“整体大于各孤立部分的总和”。这种情况被称为系统整体功能放大效应，即“1＋1＞2”的情况，强调任何系统并不是组成它的各个要素的简单相加和堆砌，而是各个要素通过相互联系、相互作用、优势互补，产生了系统协同效应。另一种是“整体小于部分之和”。这种现象被称为系统整体功能缩小效应，即“1＋1＜2”的情况。

其次，四字格的整体语义和其构成部分的名词语义的关系，与四字格的固化程度密切相关。其相关性不仅体现在整体语义和成分语义之和的量的关系上，还体现在通过作为组成部分的语义来获得整体语义的路径上。语言单位的“整体意义”与“部分意义”的相关性，语言学界多以“语义透明度”来衡量。整体意义可以从部分意

义中得出的，语言单位的整体意义透明；反之，语言单位的整体语义则不透明。一般认为，词的意义多不能从其构成要素的意义中获得，所以，词的意义大多是不透明的；短语的意义多能从其构成要素的意义中获得，因此，相对于词的意义，短语的意义则大多是透明的。因此，从词到短语，在语义上呈现出渐进的变化，其整体趋势大略可如下图所示：

词(语义不透明)→……→……→短语(语义透明)

在词和短语之间，还存在着界限不太分明且常以动态呈现的固定短语、准固定短语和临时短语。语言单位的语义越不透明，固化的程度也就越高，该语言单位就越稳定；反之，语言单位的语义越不透明，固化程度就越低，该语言单位就越不稳定。四字格是比较特殊的一类短语，它不同于普通短语具有透明度较高的整体意义，而具有层次不同的语义透明度，并直接影响了四字格的固化。

为考察偏正式四字格临时短语的固化，同时也检验偏正式四字格的固化特征，下面以名词“文化”为例，检索语料库中包含“文化”一词的四字格，以及“文化”作为N_1或者N_2的“名＋名”组合，分析包含“文化”一词的四字格临时短语。

语料库中被自动划分为四字格的包含“文化”的短语有 4 个，在不同时期的语料库中出现的频数如表 2-9 所示：

表 2-9　　语料库中包含“文化”一词的四字格

	语料库(2010～2013)	语料库(2000～2009)	语料库(2000 以前)
文化教育	6	4	45
文化东路	2	/	/
文化部长	1	/	/
文化沙漠	/	1	/

“文化教育”是唯一同时出现在三个时期的语料库中的四字格，

也是出现频数最高的一个，是一个整体具有名词性属性的偏正式非比喻型四字格。"文化东路"和"文化部长"都属于四字格中的专有名词，分别指地名和职务名。"文化沙漠"为典型的语义中包括认知隐喻的偏正式四字格。

专有名词如人名、地名、机构名和特殊概念名等，其四字格的词形和语义都非常稳定，即四字格固定短语。专有名词以外的那些由四字格临时短语逐渐发展成固定短语的名名组合能展示出更多的固化特点，也就具有更多的研究价值。

(二)"N_1+文化"和"文化+N_2"四字格固化分析

"文化"作为"名+名"组合中的N_1或者N_2，构成"N_1+文化"或"文化+N_2"，包括若干高频出现的四字格，有的是固化程度高四字格固定短语，有的是新生成的四字格临时短语。下面以包含"文化"一词的四字格为例，从其构词特征、语义特点、固化过程等方面展开对四字格临时短语固化特征的考察。

1."N_1+文化"四字格的分析

在语料库(2010～2013年)中，"N_1+文化"共出现了71例，出现频数排列在前10位的四字格如下(括号中为频数)：

中华文化(44)　特色文化(14)　传统文化(12)
精神文化(12)　物质文化(11)　地方文化(6)
历史文化(5)　企业文化(5)　社会文化(4)
地域文化(3)

语料库中频数最高的前10例"N_1+文化"四字格临时短语的核心语义特征，主要包括以下三个方面：第一，N_1为地域概念，如"中华文化""地方文化""地域文化"；第二，N_1为时间概念，如"历史文化""传统文化"；第三，N_1修饰N_2，起到说明文化的某种特质或范围等作用，如"精神文化""物质文化""企业文化""社会文化"等。

当N_1为地域或者时间概念时，"N_1+文化"常常是专有名词形式，有着固定的概念，因而这类四字格是四字格固定短语的形式。如"中华文化"。

当N_1不是表示地域性或者时间性的名词，而是表示其他意义的名词，它们与名词"文化"构成四字格临时短语后，哪些能够发展成为四字格固定短语，哪些被淘汰，则与它们固化特征的显著度息息相关，特别是与四字格固定短语条件特征中的图式联想特征密切相关。

抽取若干语料库中频数为1的四字格，如：

城市文化　地铁文化　公厕文化　官商文化　麻将文化

美食文化　咖啡文化　蟋蟀文化　人参文化　中餐文化

通过以名词"文化"为节点的图式联想，大量N_1和"文化"搭配成四字格临时短语，其不稳定性不仅在于较低的使用频率，也在于其四字格固化特征并不显著。N_1作为N_2"文化"的修饰词，或限定了N_2的范围(如"城市文化""地铁文化")，或陈述了N_2的具体内容(如"咖啡文化""麻将文化")，但这些四字格的语义透明度都比较高，四字格的整体语义几乎就是其组成部分的语义的简单相加，并不具有隐喻义等，而且也没有包含缩略成分来使得四字格的语义得到延展和扩充。N_2"文化"是一个相对抽象又内涵丰富的概念，与其搭配的N_1所表示的概念如果在性质上与其相差过大，组合起来则会降低人们的接受度。如"地铁"和"公厕"表示十分普通和具体的事物，虽然也有其独特的性质，但似乎还达不到以"文化"来阐释其本身的程度。如：

(24)据悉/v ，/w 这项/r 设计/v 是/v 洁具/v 设计/vn 人性化/vn 和/c 艺术化/vn 的/u 一/num 大/a 创新/vn ，/w 受/v 国家/n 专利/n 保护/vn 。/w 网友/n 直/d 呼/v ：/w 人类/n 已/d 无法/v 阻挡/v 临汾/loc 的/u 公厕/n 文化/n 了/u ！/w

(《齐鲁晚报·手机报》2013年4月10日)

所以，“地铁文化”“公厕文化”等四字格临时短语，可能是因为需要表达某一意义而临时产生并偶尔使用，但它们既能因图式而大量产生，也会因其四字格临时短语固化特征较弱而被淘汰。

人们对新出现的四字格临时短语的接受一般要经历同化、顺应和平衡的过程。同化是指学习个体对刺激输入的过滤或改变过程。也就是说个体在感受刺激时，把它们纳入头脑中原有的图式内，使其成为自身的一部分。当人们的头脑中已储存有“中华文化”“古代文化”“精神文化”等四字格固定短语的概念时，对其他 N_1 和“文化”所构成的四字格组合形式也较易获得认同。但当 N_1 和“文化”的语义搭配度较差，即不具有显著的四字格固化特征时，人们会对这一新的四字格进行再加工和区分。有的四字格临时短语被大众接受逐渐成为固定短语，有的则被淘汰。这一接受的过程即顺应，具体指外部环境发生变化，而原有认知结构无法同化新环境提供的信息时所引起的人们认知结构发生重组与改造的过程，即个体的认知结构因外部刺激的影响而发生改变的过程。如“社区文化”和“企业文化”，N_1“社区”和“企业”都指代具体事物，具有指示范围的特征，由于与“文化”的地域性特征相关，“社区文化”和“企业文化”四字格临时短语具有较为充分的理据，认知的同化作用使得这两个四字格生成后能够被大众初步接受。如：

(25)社区/n 文化/n 建设/v 更/d 多/a 面向/v 中老年/n 群体/n ，/w 青少年/n 群体/n 长期/d 被/p 忽视/v 。/w

（《加强社区文化建设　服务青少年发展》，《中国青年报》2013 年 1 月 31 日）

(26)企业/n 文化/n 作为/v 国家/n 文化/n 的/u 重要/a 分支/n ，/w 是/v 落实/w 中央/v 号召/n 的/u 重要/a 途径/n 。/w

（《文化企业制胜之道》，《人民日报》2013 年 12 月 23 日）

在社会生活中，“社区文化”和“企业文化”的内涵不断被充实，逐渐具有了相对稳定的概念和一定的使用频度。“社区文化”指“通行于一个社区范围之内的特定的文化现象，包括社区内的人们的信仰、价值观、行为规范、历史传统、风俗习惯、生活方式、地方语言和特定象征等”。“企业文化”指“一个组织由其价值观、信念、仪式、符号、处事方式等组成的其特有的文化形象”。随着四字格临时短语使用频率的提高，以及权威媒体以各种形式对其语义的解读，大众逐渐确认了四字格格式和其语义的固定联系，即顺应了语境提供的该四字格的新信息，同时也意味着该四字格由临时短语发展成为准固定短语或固定短语。当四字格的使用频度达到较高的程度，或者成为具有相当固定概念的专有名词时，即完成了固化。人们对新概念和新词语的认识和接受，也不断经历心理同化或顺应的过程，肯定或者否定新词语，使得新词语完成固化或者被淘汰。

由此可得到四字格临时短语的固化特征：

(1)语义理据中的语义透明度特征，“地铁文化”“咖啡文化”等都是非比喻型偏正式四字格，相对于比喻型偏正式四字格，其整体语义能够通过构成部分的语义直接推导出来，语义透明度较高，不利于四字格临时短语的固化。

(2)语义理据中的四字格有充分的语文理据和文化理据特征。当四字格临时短语的成词理据不充分、不符合人们普遍的思维习惯时，如名词“公厕”和“文化”的搭配构成“公厕文化”，该四字格临时短语的进一步发展空间不大。

(3)语义理据中的图示构想特征。因为同化、顺应和平衡的认知过程是图式联想的一部分，所以当 N_1 的语义与“文化”的核心语义特征越相近，人们对新四字格的同化、顺应和平衡的认知过程就会越顺畅，图示构想也会更高效。满足图式联想特征这一积极因素的四字格临时短语更有利于完成固化过程。

2.“文化$+N_2$”四字格的分析

在语料库(2010～2013 年)中,“文化$+N_2$”共出现了 96 例,出现频数排列在前 10 位的四字格如下(括号中为频数):

文化产业(28) 文化遗产(17) 文化事业(16)

文化产品(15) 文化体制(11) 文化创意(11)

文化市场(8) 文化需求(8) 文化基础(6)

文化设施(6)

“文化”作为 N_1 和其他名词搭配构成的四字格,从出现频数最多的 10 个短语来看,N_2 多为语义较为抽象的名词,如“产业”“事业”“体制”“创意”“基础”等;也有将“文化”具象为一个物品,与指示实物的“产品”“市场”“设施”“遗产”等搭配使用。由于在语义特征上的相似性,具有抽象语义的名词“文化”与同样具有抽象语义的其他名词搭配,加速并稳固了四字格的词形和整体语义。这与并列式四字格中,N_1 和 N_2 语义重合度越高,越易于成为并列式四字格临时短语并实现固化的情况类似。

将抽象名词“文化”实物化为具体事物,并和其他指示具体事物的名词一起组合成四字格,突出地表现了四字格通过隐喻认知而进行的“名+名”搭配,语义的透明度就会降低,这将有利于其发展成为四字格固定短语。

与“N_1+文化”相类似,“文化$+N_2$”的“名+名”组合也体现出了名词“文化”所包含的核心语义因素,即地域性和时间性特征。如“文化市场”,通过隐喻来丰富四字格的语义内涵。该类四字格还有:

文化大院 文化阵地 文化沙漠 文化特区

“文化大院”是“文化$+N_2$”的结构,指“为了丰富农民文化生活,提高农民文化素质,而在农村设立的融文化艺术、学习教育、科技普及为一体的农村文化设施和文化管理队伍”。因为“大院”是为农民所熟悉的一个概念,以此与“文化”组配成四字格“文化大院”,比以政府为主导兴办的“文化站”“文化馆”“文化活动室”等概念,在命名上更能凸显农民自办的特色，在情感上更亲切、心理上更易接受。而且，“文化大院”成为一个固定的专有名词后，还在其基础上生成了“人口文化大院”等含有附加义的短语。如：

(27)“/w 文化/n 大院/n ”/w 的 /u 兴起/v ，/w 还/d 抢救/v 了/u 不少/d 优秀/a 的/u 地方/n 传统/n 文化/n 。/w 流传/v 百年/num 的/u 哈业脑包乡/loc 打拉亥村/loc 的/u 高跷/n 秧歌/n，/w 就是/v 在/v “/w 文化/n 大院/n ”/w“复活”/v 的/u 。/w 眼下/n 在/v 当地/s 农村/n ，/w 参与/v“/w 文化/n 大院/n ”/w 活动/n 已/d 成/v 一/num 种/q 时尚/n ，/w 不少/a 人/n 自掏腰包/l 购买/v 了/u 服饰/n 、/w 乐器/n 和/c 道具/n 。/w

（《农村文化站功能消退 “文化大院”悄然走红》，
《人民日报》2006 年 3 月 31 日）

(28)据/p 统计/n ，/w 全国/n 已/d 建立/v 人口/n 文化/n 大院/n 20.2/NUM 万/NUM 个/q 。/w 各地/r 农村/n 人口/n 文化/n 大院/n 紧紧/d 围绕/v 人口/n 和/c 计划/n 生育/n 工作/n ，/w 广泛/d 开展/v 灵活/a 多样/a 、/w 生动/a 活泼/a 、/w 经济/a 实用/a 、/w 丰富/a 多彩/a 的/c 活动/n 和/n 服务/n ，/w 不仅/c 推动/v 了/u 农村/n 人口/n 和/c 计划/n 生育/n 工作/n 健康/a 发展/v ，/w 而且/c 促进/v 了/u 农村/n 社会/n 全面/a 进步/n ，/w 产生/v 了/u 明显/a 的/u 综合/a 效益/n 。/w

（王君平:《我国已建立 20 万个人口文化大院》，
《人民日报》2009 年 7 月 7 日）

“文化阵地”“文化沙漠”和“文化特区”中 N_2 的语义与地域性相关。“文化阵地”在句中的使用，如：

(29)广泛/a 开展/v 群众性/d 文化/n 活动/n ，/w 加强/v 社区/n 文化/n 、/v 企业/n 文化/n 、/w 村镇/n 文化/n 、/w 校园/n 文化/n 建设/n ，/w 用/v 先进/a 文化/n 占领/v 城乡/n 基层/n 文

化/n 阵地/n 。/w

（《山东省政府工作报告》2008 年 1 月 20 日）

“阵地”本义是战斗时兵力兵器所占领的位置，是一种特殊的地域概念。“文化阵地”狭义上是指社区或农村进行各种文化活动的场所，广义上是指开展大型文化活动和文化交流的平台，借用“阵地”这一概念来指称文化活动的平台及其平台的重要性。

“文化沙漠”在句中的使用，如：

(30)记者/n 在/b 走访/v 中/f 发现/v ，/w 近/a 一/num 年/n 来/v ，/v 广州/loc 各/r 城区/n 的/u 文化/n 建设/n 取得/v 了/u 长足/a 发展/n ，/w 针对/v 过去/a 文化/n 沙漠/n 的/u 说法/n ，/w 市民/n 不再/v 认同/v 。/w 细心/a 体会/v ，/w 广州/loc 处处/d 有/v 文化/n 。/w

（刘云：《老广不认“文化沙漠”一说》，
《羊城晚报》2011 年 9 月 22 日）

“沙漠”本义是指地面完全为沙所覆盖、植物稀少的贫瘠荒芜的地貌。在“文化沙漠”中，它的语义受到“文化”中地域性特征的影响，而使得这种超常搭配的“名＋名”组合词具有了比喻意义。“文化沙漠”指文艺、科学、教育、精神生活等方面较为匮乏的地区。在我国，该词最早用来指移民城市深圳。因为改革开放后，来自全国各地的人们大量涌入深圳这座新兴城市，外来文化和本地文化在碰撞和胶着中逐渐形成新的城市文化。当时尚处于文化中空期的深圳即被冠以“文化沙漠”之名。但其语义并不仅仅指绝对低的文化水平，如同沙漠一样贫瘠的文化；而是具有更深入的含义，强调的重点是该地区迅速发展的经济水平和相对薄弱的文化基础所呈现出的不匹配的现象。

与“文化沙漠”相类似的，N_2直接体现出地域概念的还有“文化特区”。如依托孔子故里，山东曲阜所创建的“文化特区”；海南为展示新型中国文化提出建立“文化特区”；2013年9月29日挂牌的上海自由贸易试验区，因其不设互联网防火墙的特殊政策，引发了对其作为“文化特区”的讨论。

除了N_2直接体现出地域概念以外，还有一些“文化＋N_2”的“名＋名”组合中N_2的语义与地域的某些特征相关。如：

文化土壤　文化根基　文化浪潮　文化建设　文化霸权

土壤、根基、浪潮等名词的语义中所表示出的材质、基础和形态等都明显与地域的某些特征相关。“建设”的对象是一切位于空间内的事物，包括文化这一特殊事物，其意义也与地域性密切相关。如“文化霸权”：

(31)从/d 另/r 一方面/c 看/v ，/w 外来者/n 在/v 并/d 不/vn 握有/v 直接/a 统治/n 权力/n 之/u 时/n ，/w 能/v 让/v 许多/a 中国人/n “/w 主动/a ”/w 学习/v 其/r 语言/n 风尚/n ，/w 甚至/d 达到/v 举国/n 影/n 从/v 的/u 程度/n ，/w 是/v 最/d 典型/a 的/u “/w 文化/n 霸权/n ”/w ，/w 更/d 可/v 见/v 其/nr “/w 文化/n 侵略/n ”/w 的/u 成功/n 与/c 可/v 惧/v 。/w

（罗志田：《何妨“顽固”与“自大”》，《南方周末》2010年10月14日）

“霸权”原指控制权或操纵权，指向一定的地域范围，“文化”指霸示了权的性质和内容。

从以上可知，通过有序、高效的图式联想，“文化”能与地域特征相关的名词组合成为四字格，以表达与文化相关的新事物和新特征。因此，通过对“文化＋N_2”四字格临时短语的分析，可以得出以下“名＋名”式四字格的固化特征，即：

(1)图示构想特征。以包含“文化”的“名＋名”四字格临时短语为例，当N_1或N_2的语义与“文化”语义的核心因素如地域性等因素的关系越密切，四字格的图示构想特征越明显，从而越有利于完成其固化。

(2)以隐喻认知进行“名＋名”超常搭配，有利于四字格完成固

化。“企业”和“沙漠”等名词与“文化”一词经过隐喻认知进行超常搭配往往能形成语义透明度较低的四字格。较低的语义透明度是四字格完成固化的积极特征之一。

(三)包含颜色词的四字格固化分析

四字格中包含相同名词(如“文化”)的一系列四字格，具有相似的核心语义特征，如地域性特征，并且以该特征为原点通过图式联想生成四字格临时短语词群。不仅是这类 N_1 或 N_2 为相同名词的四字格，以名词的核心语义特征展开图式联想能生成语义密切相关的四字格词群，而且同类名词生成四字格时，也会受到核心语义特征的极大影响，如包含颜色类词语的四字格。

除了指示颜色概念的本义以外，颜色类名词还可以和其他名词结合，通过隐喻认知的方式指代极其丰富的引申义或比喻义等描述性语义。虽然每个颜色词所表示的语义各异，与其他名词构成四字格的能力强弱有别，但包含颜色词的四字格具有很多共性的特征，从其固化过程中也能析出相关的四字格临时短语固化特征。

包含名词“绿色”的四字格，是一类数量众多且高频出现的包含颜色词的四字格。在《现代汉语词典》中收录的“绿色＋N_2”的四字格有 4 个，分别是：

绿色壁垒　绿色标志　绿色食品　绿色通道

包含颜色词的四字格，在语料库中被系统自动划分为四字格固定短语的只有 3 个，如下(括号中为出现的频数)：

白色恐怖(11)　绿色植物(5)　黑色素瘤(1)

其中“黑色素瘤”是专业名词，“白色恐怖”和“绿色植物”都是认知度极高的四字格。“白色恐怖”是比喻型偏正式四字格，相较非比喻型偏正式四字格“绿色植物”，其语义透明度更低，更具有成为四字格固定短语的优势。因而四字格固定短语“白色恐怖”被收入了《现代汉语词典》，而“绿色植物”未被收入。

在语料库里包含颜色词的四字格中，出现频数较多的是“绿色＋N_2”四字格临时短语，共35个，其中频数超过了1次的有8个，如下(括号中为出现的频数)：

绿色和平(22)　绿色通道(6)　绿色食品(5)

绿色基金(3)　绿色经济(3)　绿色能源(3)

绿色江河(2)　绿色芥末(2)

以上四字格中，“绿色＋N_2”作为比喻型四字格的数量占绝大多数，只有“绿色芥末”一例为非比喻型四字格。因为“绿色”不仅是一个简单指示某种颜色的词语，而且还蕴含着丰富的象征意义和感情色彩。“绿色”的本义是指示植物的颜色，易由此引申出与生命、环境的相关的事物，而产生“绿色旅游”“绿色食品”“绿色产业”等四字格。如：

(32)今年/t 济南/loc 贺年/v 会/n 要求/v 各/r 旅行社/n 积极/d 倡导/v 绿色/n 旅游/n 、/w 低碳/n 消费/n ，/w 重点/d 设计/v 一/m 批/q 绿色/n 旅游/n 项目/n ，/w 引导/v 游客/n 不/a 参加/v 能耗/n 高/a 的/u 项目/n ，/w 适量/d 点餐/ v ，/w 拒绝/v 使用/v 一次性/b 用品/n 等/u ，/w 使/v 绿色/n 消费/n 逐步/d 成为/v 贺年/v 会/n 消费/n 的/u 新/a 时尚/n 。/w

(邢振宇：《济南贺年会倡导绿色旅游》，
《齐鲁晚报》2011年1月6日)

“绿色旅游”广义上指具有亲近环境或环保特征的各类旅游产品及服务；狭义上指以保护环境、保护生态平衡为前提的远离喧嚣与污染，亲近大自然的活动，通常指农村旅游，即发生在农村、山区和渔村等的旅游活动。

“绿色”在生活中的许多标识上也用以表达“允许通行”或者“方便快捷”的义项，从而产生了“绿色通道”“绿色软件”“绿色壁垒”等语义相关的四字格。如：

(33)1 月/Tim 22 日/ Tim ,/w 江苏省/loc 教育/n 、/w 公安/n 、/w 通信/n 、/w 电讯/n 等/u 部门/n 的/u 120/num 多/num 位/q 人士/n ,/w 在/p 南京/loc 同/p 江苏/ loc 部分/n 人大代表/n 、/w 政协/n 委员/n“/w 面对面/d ”/w 座谈/v ,/w 围绕/v 引导/v 青少年/n 合理/d 使用/v 网络/n 问题/n ,/w 从/p 通信/n 技术/n 保障/n 、/w 绿色/n 软件/n 使用/v 、/w 非法/d 低俗/a 网站/n 整治/v 、/w 黑/a 网吧/n 关停/v 、/w 不良/a 信息/n 屏蔽/v 、/w 网络/n 法制/n 教育/n 等/u 方面/n 交换/v 看法/n 。/w

(《江苏代表委员呼吁各界引导青少年合理使用网络》,
《中国青年报》2010 年 1 月 25 日)

由于从“绿色”的不同语义特征能引申或者隐喻出多种含义,因此有时词形完全相同的四字格表示的却是不同的意思。如“绿色软件”有两种意义:一是指不会在用户的电脑上留下难以清除的冗余信息的软件。因为没有恶意插件,如同没有污染环境的垃圾,所以用“绿色”一词描述软件,使“绿色软件”的概念渐渐更加宽泛,指称各种无须安装便可使用,不会对计算机运行加载负担的小型实用软件。二是指为防范不健康内容对未成年人造成不好影响而具有过滤和拦截不良网站功能的软件。上述例句指的是第二种意思。

名词“绿色”带有健康向上的色彩意义,与之组合而成的四字格所包含的语义也常常是积极的。但也有例外,如“绿色鸦片”:

(34)但愿/v 各级/r 领导/n 特别/d 是/v 有/v 此/r 嗜好/n 的/u 官员/n ,/w 能/v 听取/v 这/r 位/q 代表/n 的/u 善意/n 提醒/n ,/w 尽快/d 校正/v 自己/r 的/u 行为/n 方式/n ,/w 莫/d 等/v“/w 绿色/n 鸦片/n ”/w 完全/d 蚕食/v 了/u 自己/r ,/w 落/v 个/q 悔/v 之/u 晚/a 矣/y 的/u 结局/n 。/w

(魏俊兴:《官员当远离“绿色鸦片”高尔夫》,
《光明日报》2009 年 2 月 20 日)

带有积极语义色彩的“绿色”和带有消极语义色彩的“鸦片”组合而成的四字格，指的是“滑雪、高尔夫和潜水这三种运动”。用“绿色”来指称这三项运动，是因为其贴近自然且有益于健康；而搭配名词“鸦片”，则指这三项运动一旦涉足，就会成为终身的嗜好，如同吸食鸦片一样容易上瘾而无法戒除。“绿色”和“鸦片”构成四字格，各取某一语义特征，通过认知隐喻整体表达出四字格所指代的这类健康而又有吸引力的运动。

在包含颜色词的四字格中，这种以 N_1 和 N_2 超常搭配的形式出现的四字格数量众多。其原因首先在于，颜色词通过隐喻认知实现的超常搭配，表示出极其丰富的具有描述性的语义；其次，四字格以超常搭配的形式出现，比较容易产生幽默、调侃等特殊的表达效果，从而赢得人们更多的注意力。

“红色+N_2”的四字格数量也相对较多，《现代汉语词典》中收录了“红色旅游”一词。在语料库中，“红色+N_2”四字格临时短语共有26个，其中使用频数超过1的四字格共有5个，分别是(括号中的数字表示使用频数)：

红色家庭(3)　红色污泥(3)　红色泥浆(2)

红色频道(2)　红色炸弹(2)

与“绿色+N_2”一样，“红色+N_2”四字格临时短语也以比喻型四字格为主，由于 N_1 和 N_2 经超常搭配后构成四字格的语义透明度较低，因此常常需要根据上下文的语境，才能正确理解其语义。如下例中的“红色罚单”“红色炸弹”等。

(35)现在/Tim 婚礼/n 请柬/n ，/w 在/p 很多/num 人/n 的/u 眼里/s 已经/d 成/v 了/u“/w 红色/n 罚单/n ”/w ，/w 带/v 给/p 人/n 的/u 是/v 一/num 种/q 经济/n 和/c 心理/n 上/f 的/u 双重/

b 压力/n 。/w

（秦春兰:《婚礼请柬莫成“红色罚单”》，

《大众日报》2008 年 12 月 25）

(36)每份/r 请帖/n 600/num 元/q ，/w 陈/per 先生/n 一/num 个/q 国庆/n 被/p“/w 红色/n 炸弹/n ”/w 炸/v 走/v 了/u 3600/num 元/q 。/w

（郑诚:《“红色炸弹”来袭有人出游避风头》，

《羊城晚报》2013 年 10 月 10 日）

(37)要/v 让/v“/w 红色/n 炸弹/n ”/w 不/a 伤/v 及/v 无辜/n ，/w 我们/r 唯一/d 能/v 做/v 的/u 就/d 是/v 缩小/v 婚宴/n 规模/n 。/w 写/v 请帖/n 时/n 心里/s 掂量/v 一下/d ，/w 哪些/r 人/n 会/v 很/d 高兴/a 前/f 来/v ？/w 哪些/r 人/n 会/v 很/d 勉强/v ？/w

（刘靖琳:《假日遭遇密集的红色炸弹》，

《新民晚报》2011 年 10 月 25 日）

“红色罚单”和“红色炸弹”指婚礼请柬，“失去或消失”这一特征是送出的礼金罚单与炸弹的相似点，以“罚单”和“炸弹”暗含礼金送出者的不甘愿又无可奈何的消极感受。由于四字格“红色炸弹”的广泛传播度和认知度，在其基础上还产生了新的四字格“拆弹红条”，这一短语还入选了 2010 年语言文字网公布的新词语。“拆弹红条”又称“婚礼红条”“婚宴红条”，指未婚青年参加朋友婚礼时用来代替礼金的欠条，当下次自己结婚时对方可凭借此红条还礼。它往往是一张印有恭贺新禧之意的贺卡，里面写有恭贺新婚的祝福语，最后附带上“来日可凭本条参加本人婚礼”的字句。“红条”也可被视作四字格“红色炸弹”或者“红色罚单”语义上相类似的缩略双音节词。如：

(38)在/p 面子/n 和/c 金钱/n 之间/f ,/w 囊中羞涩/l 的/u 黄/nr 先生/n 选择/v 以/p“/w 打/v 欠条/n ”/w 的/u 方式/n 对付/v “/w 夹/v 生/v 炸弹/n ”/w ,/w 他/r 自制/v 了/u 一/num 张/q “/w 拆/v 弹/v 红/a 条/q ”/w 来/v 代替/v 红包/n 。/w

(《新闻周刊》2010 年 1 年 29 日)

“颜色词+N_2”这类四字格以 N_1 颜色词的比喻义来描述 N_2,使四字格灵活生动地表现各类新生事物。包含颜色词的四字格之所以具有强大的表现力,既源于颜色词本身具有丰富的语义,也得益于四字格的形式。因为四字格的形式使颜色词由认知隐喻而生成的语义得以充分展现出来。不仅使得那些使用频率高、大众接受度高的四字格逐渐发展成为四字格固定短语,而且还以这些四字格固定短语为原点,以认知隐喻为基础,以图式联想为生成形式,不断产生新的四字格临时短语,并根据其所具有的相关固化特征的显著度,开始优胜劣汰的发展过程。

下面再以“颜色词+收入”类四字格临时短语为例进行说明。四字格固定短语“灰色收入”一词被《现代汉语词典》收入,“灰色收入”中“灰色”通过提取其介于全透明的白色和全不透明的黑色之间的性质特征,来比喻介于合法和不合法之间的隐性收入。它既不同于贪污、盗窃等非法犯罪活动的所得,又不同于合法的劳动所得。“灰色收入”一词最初使用于 1998 年 12 月 10 日黑龙江省高级人民法院的朱胜文案审判中,以指代犯罪嫌疑人的非正当收入。从语义上看,“灰色收入”偏向于非法性。自建语料库中的“灰色收入”共出现了 25 次,部分使用情况如下:

(39)隐形/b 收入/n 不/d 是/v 灰色/n 收入/n ,/w 而是/c 违法/vn 收入/n 。/w 它/r 或者/c 本身/r 来源/n 或/c 收入/n 形式/n 是/v 不/d 合法/a 的/u ,/w 如/v 贪污/v 受贿/v ,/w 或者/c 它/r 本来/d 是/v 合法/a 的/u ,/w 但/c 为了/p 偷/v 逃/v 税收/n ,/

w 采取/v 了/u 隐形/b 形式/n ,/w 因而/c 成为/v 不/d 合法/a 收入/n 。/w

（华生:《法治观念下没有“灰色收入”这一说》，
《南方周末》2010 年 10 月 15 日）

（40)一些/num 隐性/b 的/u 灰色/n 收入/n 更是/d 难以/d 统计/v 。“/w 业内/s 传/v 考官/n 的/u 年收入/n 至少/d 30/num 万/num ,/w 有的/r 所长/n 至少/d 在/p 100/num 万/num 以上/f 。”/w 一/num 名/q 驾校/j 人士/n 称/v 。/w

（刘俊、吕明合:《江西驾校倒卖驾照的利益输送》，
《南方周末》2010 年 10 月 14 日）

（41)一/num 批/q 官员/n 已/d 有/v 相当/d 多/a 灰色/n 甚至/c 黑色/n 收入/n ,/w 让/v 他/r 去/v 公示/vn ,/w 只/d 会/v 成为/v 政/ng 改/v 的/u 阻力/n 者/k 和/c 对立面/n 。

（孙乾:《专家:官员财产公示不能搞清算,应有条件赦免》，
《京华时报》2012 年 12 月 17 日）

（42)可见/v ,/w 这/r 类/q 收入/n 无论/c 数额/n 大小/n ,/w 只有/c 情节/n 轻重/n 的/u 差异/n ,/w 均/d 不能/v 改变/v 其/r 是/v 违法/v 的/u 黑色/n 收入/n 性质/n 。/w

（华生:《法治观念下没有“灰色收入”这一说》，
《南方周末》2010 年 10 月 15 日）

（43)应/v 通过/p 消除/v“/w 黑色/n 收入/n ”/w 、/w 挤压/v “/w 灰色/n 收入/n ”/w 、/w 科学/n 设定/v “/w 白色/n 收入/n ”/w ,/w 消解/v 人们/n 的/u 刻板/a 印象/n 。/w

（蒋云龙:《公务员收入不高你为啥不信》，
《人民日报》2014 年 2 月 13 日）

"灰色收入""黑色收入"和"白色收入"呈梯度性地进行了"收入"一系列概念的描写,已成为一个相对完整的"颜色$+N_2$"词群。为了适应新事物和新思想的表达需要,又出现了新四字格"血色收入"和"金色收入",如:

(44) 近日/Tim,/w 记者/n 在/p 全国/n 15/num 个/q 省/n 区/n 市/n 采访/v 了/u 大量/num 专家/n 学者/n 和/c 基层/n 干部/n 群众/n ,/w 大家/r 比较/d 认同/v 可以/v 用/p 白色/n 、/w 黑色/n 、/w 灰色/n 、/w 血色/n 、/w 金色/n 5/f 种/v"/w 颜色/n 收入/n "/w 来/f 概括/v 当前/Tim 形形色色/l 的/u 收入/n 。/w 5/f 种/v "/w 颜色/n 收入/n "/w 既/c 相对/d 独立/a ,/w 也/d 有/v 交叉/n 的/u 地方/n 。/w 具体/a 来讲/u ,/w "/w 白色/n 收入/n "/w 指/v 正常/a 的/u 工资/n 、/w 福利/n 等/u 合法/a 收入/n ;/w "/w 黑色/n 收入/n "/w 指/v 通过/p 贪污/v 受贿/v 、/w 偷盗/v 抢劫/v 、/w 欺诈/v 贩毒/v 等/u 违法/v 手段/n 获得/v 的/u 非法/b 收入/n ;/w "/w 灰色/n 收入/n "/w 指/v 介于/v 合法/a 与/c 非法/b 之间/f 的/u 收入/n ,/w 在/p 我国/n 当前/Tim 非常/d 普遍/a ;/w "/w 血色/n 收入/n "/w 指/v 那些/r 突破/v 人类/n 文明/a 底线/n ,/w 以/p 牺牲/v 他人/r 的/u 生命/n 和/c 用/p 鲜血/n 榨取/v 的/u 收入/n ,/w 如/v 黑/a 砖窑/n 、/w 黑/a 煤窑/n 等/u ;/w "/w 金色/n 收入/n "/w 指/v 利用/v 黄金/n 、/w 股票/n 、/w 期货/n 等/u 资本/n 获得/v 的/u 收入/n 。/w

(《"白黑灰血金"五种收入并存　贫富差距逼近社会容忍"红线"》,《经济参考报》2010 年 5 月 10 日)

从使用频率上看,"灰色收入"的使用频率最高,其次为"黑色收入",而"白色收入"出现较少,也很少独立使用,几乎每次都随"灰色收入"或"黑色收入"一起被使用。"血色收入"和"金色收入"是较新的四字格。根据使用频率和生成时间可以看出,语义透明度低、语

义信息量大的四字格在生成和固化上占有更大的优势。从认知规律上看，普遍认同的默认状态是肯定的、积极的，在语言上表现为零标记；而表示否定的、消极的状态则需要借助相应的否定副词等加以说明。从名词“收入”的角度来考量，默认的状态应是合法的收入，应表现为语言上的零标记，而不合法的收入是否定的、消极的，在语言上也是需要有特别标记的。因此，表示合法收入的“白色收入”成词的理据性较弱，“白色收入”指代的合法收入，即为普遍思维中已被默认的肯定性信息，“白色”给四字格“白色收入”所带来的新增信息量较少。而“灰色收入”和“黑色收入”则以“灰色”和“黑色”增加了否定性的新信息，四字格语义的曲折度提升，透明度降低，成词的理据性得以加强。“黑色收入”是以隐喻来表义，它有与其语义相似的四字格“非法收入”，而“灰色收入”则没有与其语义相似的四字格，而是以“灰色”隐喻了“介于非法和合法之间”的信息，从而丰富了语义，因此，“灰色收入”比“黑色收入”更稳定，使用频率也更高。四字格固定短语“灰色收入”和“黑色收入”“白色收入”也再次证明使用频率越高的四字格，越容易完成固化；包含语义理据越充分的四字格，也越容易完成固化。

“绿色”“红色”“灰色”“白色”“黑色”等表示颜色名词都属于颜色的集合，表示颜色的词语在四字格中常常作为 N_1，在与 N_2 的超常搭配中表现出了丰富的比喻义。每一个颜色词都有其核心语义特征，从核心语义特征出发，搭配以与其相适应的名词构成四字格。一般来说，N_1 颜色词是喻体，如“绿色食品”；但也可能是由 N_2 作喻体，N_1 和 N_2 搭配后实现了比喻，如“红色炸弹”“绿色鸦片”；甚至还产生了相关的双音词缩略语，如与“红色炸弹”语义相似的“红条”。

包含颜色词语的四字格，其生成性不仅体现在某个颜色词词群的生成上，如蕴含“绿色”核心语义特征的四字格词群，“绿色食品”“绿色能源”“绿色通道”等；还体现在以若干颜色词与固定 N_2 构成的四字格词群上，如“灰色收入”“黑色收入”等。

无论新生成的“颜色词＋N_2”式四字格数量多么庞大，其产生和发展都需受到四字格固化特征的制约，所具有的固化特征越多越显著，越容易发展成为四字格固定短语。而且，每一种颜色词都有占据核心位置的四字格固定短语，它们在成词理据上充分地满足了四字格临时短语固化特征的要求。它们不仅成词较早且高频出现，还作为该类颜色四字格的典型代表，处于该词群的核心位置，并以此为原点不断地向四周展开图式联想，进而生成更多的相关四字格。如在“绿色＋N_2”四字格中，“绿色食品”是典型代表，与“绿色勋章”“绿色行业”“绿色金融”等构成了“绿色＋N_2”的四字格词群。在以“颜色词＋收入”类的四字格中，将四字格固化特征体现得最显著的“灰色收入”是典型代表，以它为起点生成了“黑色收入”“白色收入”“金色收入”“血色收入”。因此，在“颜色词＋N_2”类四字格中，词群的生成即能以 N_1 颜色词为中心起点，向不同的 N_2 延伸；也能以 N_2 为中心起点，向不同的 N_1 颜色词延伸，从而生成理据性相似的四字格词群。

从以上的考察中能析出的四字格临时短语的固化特征有：

(1)以隐喻认知实现“名＋名”超常搭配后，降低了四字格的语义透明度，为四字格固化提供了有利因素。

(2)当 N_2 的语义渗透到 N_1 中后，则会产生与四字格相应的缩略的双音节词，从而影响四字格的固化。如“红色炸弹”中 N_2“炸弹”语义弱化而脱落，出现语义几乎对等的双音节词“红条”。

(3)四字格固化的使用频率特征。如“灰色收入”出现较早且使用频度较高，较之其他“颜色词＋收入”四字格具有更加稳固的词形和语义，更易完成四字格固化过程。

(四)小结

通过以上对偏正式四字格“N_1＋文化”“文化＋N_2”四字格临时短语以及包含颜色词的四字格临时短语的分析，我们对所提取的四字格临时短语的固化特征归纳如下：

(1)语义透明度特征。比喻型四字格的语义透明度较低,它比语义透明度较高的非比喻型四字格,更易于实现四字格临时短语的固化。

(2)四字格有充分的语文理据和文化理据。当四字格临时短语的成词理据不充分、不符合人们普遍的思维习惯时,会影响该四字格临时短语的固化。

(3)图示构想特征。当四字格临时短语语义与某一四字格固定短语的核心语义特征有着密切的关联时,两者就具有了很强的图式联想理据,四字格临时短语较易完成固化。

(4)以隐喻认知实现“名＋名”超常搭配后,降低了四字格的语义透明度,为四字格固化提供了有利因素。

(5)当 N_2 的语义渗透到 N_1 后,则会产生与四字格相应的缩略的双音节词,从而影响四字格的固化。

(6)使用频率特征。使用频率越高的四字格,越容易完成固化。

其中,第(1)到第(5)条都属于语义理据特征这一大类。除了第(5)条是四字格临时短语固化的消极因素以外,其他都是积极因素。

第三章　“名＋名”式四字格固定短语的静态分析

一、词典所收录的四字格分析

词典是用来解释词语的意义、概念、用法的工具书，具有一定的权威性，收录入词典的词语都具备非常稳定的语义，具有社会流通度广、认知度高的特点。本研究选用《现代汉语词典》（商务印书馆2012年第6版）作为四字格语料统计来源，《现代汉语词典》具有系统性和科学性，被认为是最权威的现代汉语规范词典之一。随着社会的发展，语言也发生着变化，历次《现代汉语词典》的修订都适应了社会发展和语言变化的需要。

四字格在《现代汉语词典》中占有相当大的篇幅。为更全面地反映不同时期四字格的变化情况，我们将《现代汉语词典》第5、6版两版中的四字格悉数析出，充分进行比较分析。

表 3-1 《现代汉语词典》第 5 版和第 6 版所收四字格词条比较

<table>
<tr><th></th><th>收词总数</th><th>四字词条</th><th>四字词条占总词条</th><th>6 版较 5 版新增总词条</th><th>新增四字词条</th><th>四字词条占新增词条比</th></tr>
<tr><td>《现代汉语词典》第 5 版</td><td>6.5 万</td><td>5628</td><td>8.7%</td><td rowspan="2">3000 条[①]</td><td rowspan="2">587</td><td rowspan="2">20%</td></tr>
<tr><td>《现代汉语词典》第 6 版</td><td>6.9 万</td><td>6215</td><td>9.0%</td></tr>
</table>

相对于《现代汉语词典》(商务印书馆 2005 年第 5 版),四字格在第 6 版中增加了 587 条,占总新增词条的 20%,四字格所占总词条的比例也提高了0.3%。通过对数据库中四字络的统计,我们将新增四字格分为完全新增与不完全新增两类。如表 3-2:

表 3-2 《现代汉语词典》(第 6 版)新增四字格的分类

<table>
<tr><td rowspan="3">完全新增四字格 70%</td><td>语文新词</td></tr>
<tr><td>俗语词</td></tr>
<tr><td>成语及类成语词</td></tr>
<tr><td rowspan="3">不完全新增四字格 30%</td><td>同义异形词</td></tr>
<tr><td>扩展词</td></tr>
<tr><td>其他词</td></tr>
</table>

《现代汉语词典》第 6 版中完全新增的四字格有 413 个,约占新增四字格总数的 70%;不完全新增四字格,是指那些与《现代汉语词典》第 5 版中的四字格词条有关联的四字格,它们或为同义异形词,或是从原词条的注释中独立成为新词条等,共 178 个,约占总数

① 《现代汉语词典》第 6 版说明:"增收新词语和其他词语近 3000 条,增补新义 400 多项,删除少量陈旧的词语和词义,共收条目 69000 余条。"

的30％。

首先，完全新增的四字格中占比最大的是命名新事物、新现象等的四字格，它们作为四字格被广泛使用并逐渐固定下来，因而被收入词典中。如：

门户网站　免费午餐　平板电脑　强制保险　微型博客
医疗保险　有价无市　智能武器　欧洲联盟　网上商店
弹性就业　形象工程　虚拟世界　网络犯罪　生物入侵
人肉搜索　汽车炸弹　氢气汽车　股东大会　厨余垃圾
被动吸烟　变形金刚　第一桶金　股指期货　移动硬盘
新新人类　全职太太　换位思考　霸王条款　清洁能源

其特点是时事政治类和专业术语类的新四字格的数量增加明显。如“申根协定”“医疗保险”“主板市场”等包含时政和专业术语的四字格在报刊、电视、网络等各类媒体上的快速传播而广为人知。

其次，四字俗语、方言等固定的四字格结构因逐渐拥有了较高的社会认知度而被词典收录。李宇明认为这“体现了普通话词汇和方言词汇、口语词汇相互流动的关系”。如“牵牛鼻子”“花说柳说”“发国难财”等。还有一部分约定俗成的成语补录进《现代汉语词典》第6版中。如“不可胜数”“丰功伟绩”“焚书坑儒”“明眸皓齿”等。

除完全新增词外，《现代汉语词典》第6版中还新收录一些与第5版中的四字格词条有或多或少联系的四字格。其中，异形词所占比例最大。杨春在《现代汉语中的异形词》一书中指出，异形词是“一个词的某个义项或某几个义项在书面上有不同的书写形式”，并将其细分为同素异形词和异素异形词。《现代汉语词典》第6版增收了大量异素异形词。如“爱搭不理/爱答不理”[①]、“茶余酒后/茶余

① 单斜杠前的均为《现代汉语词典》第6版中的新增词，单斜杠后的均为《现代汉语词典》第5版中的原有词。

饭后”“成千成万/成千上万”等。

《现代汉语词典》第6版中增加了587个四字格，也删改了《现代汉语词典汉》第5版中原有的13个四字格。删减的数量较之新增的数量来说微乎其微。如“铜筋铁骨”“偷奸取巧”等。

《现代汉语词典》第6版中收录四字格总数为6215个，其中“名+名”式四字格有994个(具体词条详见附录一)，约占词典所收四字格总数的16%，如：

电子政务　黄金储备　金砖国家　面子工程　门户网站
平板电脑　欧洲联盟　汽车炸弹　热带低压　韧皮纤维
形象工程　网上商店

从较为宽泛的意义上来看，一些半音译词也可看成“名+名”式四字格，如：

丁克家庭　俄罗斯族　古尔邦节　吉普赛人　哈雷彗星
摄氏温度

这些“名+名”式四字格发展成为收入词典的固定短语的路径并不相同，有的是由两个独立的名词组合而成，在使用中逐渐得到了大众认同而历经了从四字格临时短语到准固定短语，再到固定短语的过程，如“门户网站”；有的是因为某一名词有超强的搭配能力，而构成了一系列包含同一名词的词群，具有搭配构词能力是四字格固定短语的特征之一，如属于“电子××”四字词群的“电子政务”；还有一些专有名词，从其产生就直接成为固定短语，特指某一概念，如“金砖国家”。

词典中四字格的分类和分布情况可视为现代语言生活中四字格发展面貌的缩影。对《现代汉语词典》中的四字格进行统计和分析，重点梳理“名+名”式四字格，总结四字格在现代汉语中的大致情况，既对语料库的建设有指导意义，也能为素材的甄选提供有价值的参考，还能为四字格临时短语固化特征及条件参数的验证提供科学可信的研究基础。根据词典中得出的有关四字格统计数据显示，新增四字格的内容以时政类和专业术语类为主。那么，在自建语料库时，在语料选择上应以报刊新闻为主，才能最大限度地确保四字格析出的较大概率。

二、“名＋名”式四字格的结构

（一）四字格的结构

在现代汉语四字格中，四字格多由两个词语组合而成。根据其内部的音节关系，有“2＋2”式、“3＋1”式和“1＋3”式等多种结构类型式。其中，“2＋2”式占绝大多数。

下面以具体例证来考察不同结构类型的四字格。

首先是在数量上占绝对优势的“2＋2”式，如：

爱国主义　镜花水月　网上银行　跳蚤市场　慢慢腾腾

“1＋3”式，如：

北回归线　非织造布　喝西北风　非处方药　揭不开锅

“3＋1”式，如：

萨克斯管　手足口病　二十四史　高尔夫球　旁观者清

其中，“名＋名”式四字格也以这几种结构类型为主。“2＋2”式也是其最主要的结构类型，如：

阿猫阿狗　和谐社会　国有企业　脱氧核糖　灰色收入

巴黎公社　技术科学　江湖骗子　拉丁字母　坛坛罐罐

“3＋1”式中包含较多的音译词[①]，如：

金刚石婚　燃气轮机　手足口病　盂兰盆会　阿拉伯人

---

① 以较宽泛的标准来衡量，某些音译或者部分音译的四字格也被划归为“名＋名”式四字格，但其数量不多且不典型，因此在本研究中并不展开具体分析，仅作为一种类别列出。

婆罗门教 白金汉宫 萨克斯管 塔吉克族 高尔夫球
古尔邦节 帕金森病 红十字会 保险费率 抛物面镜

“1＋1＋2”式，如：

图文电视 酒肉朋友 河外星系 人机界面 水陆坦克

“2＋1＋1”式，如：

八国联军 南柯一梦 娑罗双树 山顶洞人 百科全书

1＋3 式，如：

南回归线 副研究员 核反应堆

还有少量的“1＋1＋1＋1”式，如：

经史子集 楼堂馆所 笔墨纸砚 妻儿老小 伯仲叔季
鳏寡孤独 青红皂白 柴米油盐 梅兰竹菊 妖魔鬼怪

四字格的组合类型在很大程度上影响了语音结构形式，并且整体上趋向于“2＋2”式这一汉语最基本的韵律形式，但是这种影响并不是绝对的，也要根据四字格的组合形式和意义进行具体分析。以联合式的四字格为例，两个双音词构成的联合四字格是其主要形式，恰好与“2＋2”式的汉语韵律相适应；“1＋1＋1＋1”式的如“望闻问切”由四字单音节实词搭配而成的四字格，或如“之乎者也”由四个单音节虚词联合而成的四字格也都遵循“2＋2”式的基本汉语韵律节奏。同属联合式的“久而久之”“孔孟之道”中包含虚词，可细分为“1＋1＋2”式和“2＋1＋1”式，但在语言生活中实际也常常被读作“2＋2”式的韵律。“名＋名”式四字格中的 2＋2 式占绝对优势与双音节词是汉语中最基本的语音结构形式密切相关。

（二）并列式“名＋名”式四字格

如前所述，汉语词汇以双音节词为主，因此四字格也多由两个双音节名词构成为主，N_1+N_2的结构可生成以下几种类别：(1)定中结构，如股东大会；(2)联合结构，如泰山泰水；(3)同位结构，如首都北京；(4)主谓结构，如李白唐代人。在《现代汉语词典》中，“名＋

名”式四字格中的主要形式是并列式（即联合结构）和偏正式（多为定中结构）。

“名＋名”式四字格根据其内部构成关系主要分为并列式和偏正式两大类。并列式根据其语义关系可细分为完全并列式和小偏正大并列式，偏正式则根据是否包含比喻义而细分为非比喻并列型和比喻并列型。但两者的区分界限并不完全清晰。因为在实际语用中，一些普通的非比喻并列型的“名＋名”式四字格除了本义之外，也有比喻性的语义。如“酒囊饭袋”，字面义为盛装酒饭的袋子，但常常比喻为只会吃喝不会做事的无能之人。

（1）在并列式四字格语料库中，完全并列式有 30 个，占并列式四字格的 25%。其中“2＋2”式共 24 个，如：

逻辑思维　泰山北斗　天南海北　天涯海角

阳春白雪　张三李四

“1＋1＋1＋1”式共 6 个，如：

鳏寡孤独　伯仲叔季　柴米油盐　妻子儿女

经史子集　妖魔鬼怪

（2）并列式四字格中的小偏正大并列式，如：

湖光山色　虎背熊腰　郎才女貌　南腔北调　街头巷尾

外圆内方　冰天雪地　风刀霜剑　猴年马月　虎穴龙潭

酒囊饭袋　童颜鹤发

（3）还有一类比较特殊的并列式四字格，它们是由相同语素重叠构成的并列式四字格，如：

男男女女　条条框框　家家户户　生生世世　坛坛罐罐

祖祖辈辈　口口声声　风风火火　婆婆妈妈　形形色色

星星点点

相同语素重叠构成四字格后，有的仍是名词性短语，有的不再具有名词性短语的特征。如“男男女女”指男女混杂的一群人；“条条框框”指为固定的、不能变通的条例规定；“生生世世”指今生、来

世已经永世。这些由相同名词重叠构成的四字格仍具有名词性特征。再如"口口声声"是形容一次次地说，常常用作状语。"风风火火"形容急急忙忙、冒冒失失的样子，常用作状语和定语等。"婆婆妈妈"既可以指娘家妈和婆家妈，也常常用作形容词，形容人动作琐细，言语啰嗦。"形形色色"中"形形"指生出这种形体，"色色"指生出这种颜色，实际是形容事物种类繁多、各式各样。这些由相同名词重叠构成的四字格不再具有名词性特征。

不是由相同的名词重叠，而是由不同名词构成的四字格，也存在四字格整体不是名词性语义的情况。如"鲁鱼亥豕"和"沧海桑田"。组成"鲁鱼亥豕"的每个成分都是名词，但其整体意思是把"鲁"字错成"鱼"字，把"亥"字错成"豕"字，指书籍在传写或刻印过程中的文字错误。"沧海桑田"由两个并列名词性词语组成，但其整体语义是以沧海成桑田的动态变化来指自然变化的巨大或世事的多变。这种"名+名"构成的四字格在整体语义上完全失去了名词性的特征。

这是一种由形式、语义、语境等多种因素交织在一起而引起的词类活用。因为引申、隐喻等使得名词有了动词的用法。"名+名"式四字格的动词属性，一方面是由于名词有潜在的活用作动词的能力，另一方面也是由于四字格的格式给名词提供了在语义上充分拓展的可能性。以图表来表示并列式四字格的主要类型，如表 3-3 所示：

表 3-3　并列式"名+名"式四字格的分类

<table>
<tr><td rowspan="4">并列式</td><td rowspan="2">完全并列式</td><td>2+2 型</td><td>张三李四</td></tr>
<tr><td>1+1+1+1 型</td><td>妻儿老小</td></tr>
<tr><td rowspan="2">小偏正大并列</td><td>非比喻型</td><td>晨钟暮鼓</td></tr>
<tr><td>比喻型</td><td>车水马龙</td></tr>
</table>

(三)偏正式"名+名"式四字格

偏正结构和并列结构都属于典型的向心结构。偏正式四字格可分为描写性和限制性两大类。

朱德熙认为,"向心结构指的是至少有一个直接成分与整体在语法上功能相同,在语义上受到相同的语义选择限制的句法结构。向心结构中与整体功能相同并且受到相同的语义选择限制的直接成分是它的核心"[①]。例如"木头房子"的中心语是"房子",应将其视作单核心的偏正结构。而"木头的房子"是双核心的向心结构。程工认为"NP_1+的+NP_2"和整个结构在语义上经常是不等值的,所以不宜把它看作整个结构的中心词。司富珍认为"木头房子"和"木头的房子"都属于"名词+名词"的偏正结构,区别在于前者是"名词+名词"结构,后者是"名词性的'的'结构+名词"结构,所以他否认双核心结构的存在,认为汉语短语中只有一个中心词。

在本研究中,适合将偏正式"名+名"式四字格看成是单核心的结构,虽然组成四字格的每个名词从语义和句法功能上来看,都有"指称"功能,即对外界事物的指称,但在偏正式四字格的格式中,还是以后一个名词为主要核心,前一个名词的指称性减弱,修饰性增强,两个或者多个名词的语义分量在四字格中是不相等的。郭锐在《现代汉语类研究》一书中指出,对应四种表述功能词类有四大类,即体词(指称)、谓词(陈述)、饰词(修饰)、虚词(辅助)。四字格中的名词不仅具有其最基本的作为体词的指称功能,而且还具有丰富的表述功能,如描写、比喻、限制等。以偏正结构为例,一般描写关系多指句法层面,而限定关系多指词法层面,如"鲜艳的花朵"是为描写,而"鲜花"则为限定。但较一般词语两个或三个音节的词长,四字格有超长的词形结构以及形制较为特殊的语义结构。因此,对偏

---

① 朱德熙:《关于向心结构的定义》,《中国语文》1984 第 6 期。

正式四字格适宜于从描写和限制两个角度展开分析。

描写性偏正式四字格和限制性偏正式四字格的界限实际上比较模糊的，区分标准较难清晰界定。朱德熙认为，简单形容词构成的定语是限制性的；复杂形容词构成的定语是描写性的。房玉清认为名词、代词、形容词、动词充任的定语是限制件的，形容词的重叠形式或复杂形式充任的定语是描写性的。还有学者认为，限制性定语是从数量、时间、处所、归属等方面对中心语进行限制，而描写性定语是从性质、状态、特点、用途、质料等方面对中心语加以描写。各个分类标准在实际运用中也容易产生混淆，如以经典的定中结构"木头房子"为例，"木头"表示"房子"的材质，可被认为是描写性的；但"房子"的类型很多，名词"木头"从范围上对房子作出了规定，也可被认为是限定性的。当然，分类标准中出现的特殊个例不能作为完全否定区分描写性和限定性的理由。

因此，以描写性和限制性区分定语对偏正式词语的研究有着积极的意义，特别是对于偏正式四字格。如果将作定语的名词统归为限制性的，那么那些带有比喻色彩的四字格则有悖于限制性定语的特征。将偏正式四字格区分为描写性和限制性的两种，不仅因为两者语义特征各有特点，而且因为两者的词形构成和发展也有不同的表现形式。

与并列式相比，四字格内部构成关系为偏正式的占绝大多数，《现代汉语词典》中一共有 860 个，占四字格的 88%。其中，描写性四字格主要是指 N_1 对 N_2 的性质等进行描写性的修饰，有的则采用了比喻形式，有的没有，因而又可细分为非比喻描写型和比喻描写型；限制性四字格主要是指 N_1 对 N_2 的范围将进行限制性的修饰，又可细分为缩略型和不可缩略型两种。

描写和限制在实际语用中的区分并不是十分的明显，例如"交通警察""武装警察"，既可以看作非比喻描写型，作 N_1 的"交通"和"武装"描写 N_2"警察"的具体性质，其又可以看成可缩略限制型，

“交通”和“武装”限制了“警察”的类别，并可以缩略为双音词“交警”和“武警”。因而，在此我们只说明偏正式四字格包含描写性和限制性这两种主要类型，并不将每类四字格都作具体的区分和数量统计。

较为典型的描写偏正式四字格，如：

白面书生　鸡皮疙瘩　图画文字　花花公子　拳头产品
阳光工程　黄金时段　皮包公司　影子内阁　傻瓜相机

描写性偏正式四字格，多具有隐喻的特征，作为核心语的名词受到包含隐喻意义的名词的修饰，而使得四字格呈现出更加丰富的语义。

较为典型的限制性偏正式四字格，如：

交通警察　民事案件　卫星电视　家庭暴力　城市铁路
环境武器　机会成本　民意测验　石器时代　超级市场

限制性偏正式四字格常常具有双音节词缩略语形式，如“交通警察(交警)”“卫星电视(卫视)”“城市铁路(城铁)”“家庭暴力(家暴)”等。

除了描写性和限制性的偏正式四字格之外，还有一类较为特殊的词，从较宽泛的意义上看，也可以归入偏正式四字格，如：

瓮中之鳖　弦外之音　象牙之塔　心腹之患　血光之灾
鱼米之乡　渔人之利　云泥之别　肘腋之患　城下之盟
池鱼之殃　肺腑之言　风中之烛　井底之蛙　孔孟之道
门户之见　前车之鉴　强弩之末　身外之物　丝绸之路
杞人之忧　天府之国　天壤之别　媒妁之言　父母之命

这类以虚词“之”为补充音节的四字格，多带有书面语色彩，其中很多词语都来自古代文献或历史典故。

以图表来表示偏正式四字格的主要类型，如表3-4所示：

表 3-4 偏正式“名＋名”式四字格的分类

偏正式	描写性	非比喻型	比例税制、冰糖葫芦
		比喻型	赤脚医生、表面文章
	限制性	不可缩略型	冰上运动、产业工人
		可缩略型	彩色电视(彩电)、超级市场(超市)

(四)小结

根据以上的论述,类型以图表形式表示“名＋名”式四字格的结构,如图 3-5 所示:

3-5 “名＋名”式四字格的分类

并列式	完全并列式	2＋2 型	张三李四
		1＋1＋1＋1 型	妻儿老小
	小偏正大并列	非比喻型	晨钟暮鼓
		比喻型	车水马龙
偏正式	描写性	非比喻型	比例税制、冰糖葫芦
		比喻型	赤脚医生、表面文章
	限制性	不可缩略型	冰上运动、产业工人
		可缩略型	彩色电视(彩电)、超级市场(超市)

从上述表格中可以看出,

(1)“名＋名”式四字格主要包括并列式和偏正式两种形式。并列式中的完全并列式是指四字格中只包含并列形式;不完全并列式是指四字格中的一级并列式里面还包含着二级偏正式。这类大并列小偏正四字格的特征与描写性偏正式四字格有很多共同之处。

(2)“名＋名”式四字格的偏正式中主要包括描写性偏正式和限

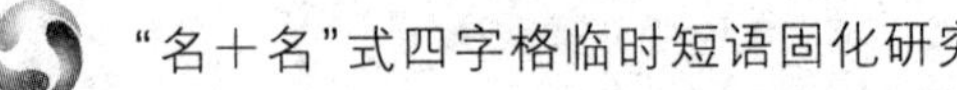

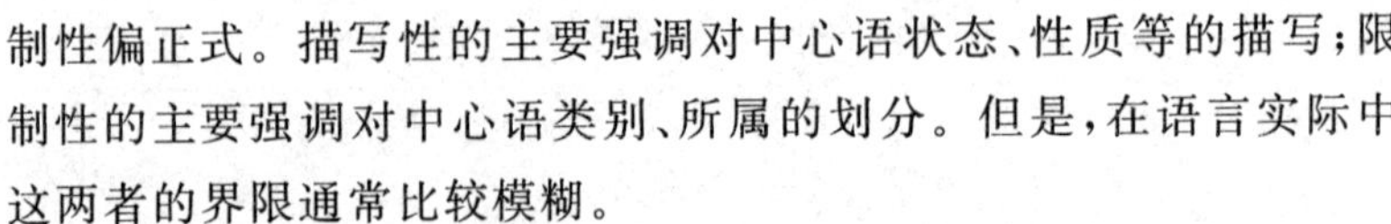
制性偏正式。描写性的主要强调对中心语状态、性质等的描写；限制性的主要强调对中心语类别、所属的划分。但是，在语言实际中这两者的界限通常比较模糊。

描写性偏正式"N_1+N_2"四字格中，N_1多带有定语功能，如"比例税制"是"方式＋中心语"的语义关系；"冰糖葫芦"是"材料＋中心语"的语义关系。而比喻描写偏正式四字格的语义关系则更为复杂，如"赤脚医生"一词以部分的特征来比喻整体，"表面文章"一词隐喻浮夸或不切实际、敷衍塞责的做法。

一般情况下，限制性偏正式"N_1+N_2"四字格中，N_2往往是独立性较强的名词，同时也具有极强的组配能力，能与不同的词搭配，如以"电视"为N_2的四字格，常用的有"数字电视""彩色电视""黑白电视""卫星电视""有线电视"等，该中心语因受不同词语的修饰而表达了更加具体实在的意义。限制性偏正式中某些四字格具有缩略形式，如"彩色电视"缩略形式为"彩电"，而更多的此类四字格则不能缩略。

理清四字格的结构分类，不仅为"名＋名"式四字格固定短语的结构、语义特点的分析提供了基础，也为四字格临时短语固化特征的分析和条件参数的验证提供了有益的参考。

第四章 “名＋名”式固化四字格的分析

一、“名＋名”式四字格固化的特征

(一)词形结构特征

词形结构特征是四字格最基本的特征之一。只有在词形上具有基本词形结构特征的词语才能成为四字格,进而逐渐固化为四字格固定短语。

四字格固定短语的词形结构特征主要包括:

第一,组成四字格的 N_1 和 N_2 的组合是稳固的。稳固性即组成四字格的名词不能随意被其他名词替换、四字格内部不可任意调整词序等。如并列式四字格“经史子集”、“张三李四”,偏正式四字格“君子协定”“社会主义”等。只有极少量的并列式四字格可以调整 N_1 和 N_2 的词序且在语义上没有改变,如“海角天涯”和“天涯海角”等。

第二,四字格是以一个完整且封闭的四音节词语的形式出现和使用的。四字格内部不能插入其他成分,插入其他成分后构成的词语的语义和原四字格的语义并不对等,如“泰山北斗”并不与“泰山和北斗”对等,“山盟海誓”也不与“山的盟约和海的誓言”对等。四字格内部不但不能被插入其他成分，也不能被任意拆分，绝大部分由四字格拆分以后的词语语义和原来的四字格语义不对等。只有极少数的四字格能够在一定规则的作用下，产生语义对等的缩略的双音节词形式，如"交通警察"与"交警"，"标点符号"与"标点"等。

（二）句法功能特征

四字格固定短语的句法功能特征表现为，四字格具有独立充当句子成分的能力，如能充当主语和宾语等。

1. 充当主语，如下例中的"数字电视"：

（45）数字电视落户杭州诸多问题未解决。

（《南方周末》2004 年 4 月 8 日）

2. 充当宾语，如下例中的"官僚主义"：

（46）处理好形式与内容、过程与效果的关系，建立健全各项制度，有效防止和克服官僚主义、形式主义。

（刘盛辉：《领导干部须戒庸戒懒》，《人民日报》2010 年 2 月 25 日）

3. 充当定语，如下例中的"高峰论坛"：

（47）高峰论坛间隙，主办方会分别安排参会人员与各司局官员和其他'大人物'进行联谊、互动，并进行合影。

（《经济观察报》2010 年 12 月 1 日）

（三）词语属性特征

四字格固定短语的词语属性对四字格的固化也有着一定的影响。一般而言，关于四字格的词语属性特征的讨论主要包括两个方面：一是四字格的性质是词还是短语；二是四字格是离心结构还是向心结构。

1. 四字格是词或短语的性质影响其固化

四字格[1]的性质是词还是短语，直接影响其在词形和语义上的稳定性。因此，四字格的性质是四字格的固化特征之一。虽然有关词和短语的区分的争论仍客观存在，但获得大家普遍认同的是，词的形态比短语的形态更加稳定。性质为词的四字格比性质为短语的四字格在结构上更稳固。四字格从最稳定的形态到最不稳定的形态，依次为单纯词、复合词、固定短语、准固定短语和临时短语。

在四字格中，单纯词的数量非常有限，且主要是音译词，如“阿弥陀佛”“盖世太保”“罗曼蒂克”“噼里啪啦”等。复合词和短语的界定比较模糊。如果四字格的构成成分包含外来语成分，如“白金汉宫”“基尼系数”“阿拉伯人”“古尔邦节”“哈雷彗星”“帕金森病”“伊斯兰教”等，那么这类四字格的性质更趋近于复合词，其结构和语义也都比较固定。

“名＋名”式四字格基本上都是短语，从较为宽泛的意义上来看，虽然某些性质为单纯词的音译词如“白金汉宫”，其构成成分都是名词，但只是借这些名词的音来翻译外来语，所以并不适合将这类由名词构成的音译词看成具有单纯词性质的“名＋名”式四字格。

2. 四字格是离心结构还是向心结构影响其固化

一般认为，汉语中的并列结构和偏正结构都是典型的向心结构，即四字格整体功能与构成其的名词功能是一致的。向心结构和离心结构理论是结构主义语言学的重要理论之一，是美国语言学家布龙菲尔德(Leonard Bloomfield)在《语言论》一书中提出两个概念。其判断标准是合成短语的整体功能与其直接成分是否相同。具体而言，向心结构为“合成短语与一个或多个成分属于同一类”[2]，包括并列和从属两类。离心结构为“合成短语可能属于一个与任何成分

---

① 在此小节中，区分“四字格”与“名＋名”式四字格这两个概念。

② 布龙菲尔德：《语言论》，袁家骅等译，商务印书馆1982年版，第239页。

的形类都不同的形类"[①],包括主谓结构(施事—动作)、介宾结构(关系—轴心)、从属(从属连词—所连对象)结构。布龙菲尔德的追随者霍凯特只是对其定义进行了微调,将形类"相同"改为"相似",降低了两者相似度的标准。与短语形类相同的成分叫作中心词(head)。在联合短语中,短语和两个或更多的直接成分形类相同,所以短语可能有多个中心词,如 boys and girls;偏正短语中,短语和某一个直接成分形类相同,所以短语只能有一个中心词,例如 poor John。汉语语法界对向心结构和离心结构在汉语中的应用进行了持久的讨论,认同、否定、修正、怀疑等意见纷出,热烈的讨论使得研究不断深入。并列结构和偏正结构,一般都被认为是典型的向心结构。但如"沧海桑田"等这类特殊的四字格,虽然都是由名词构成,但从整体上看都不是名词性的短语,表现出离心结构的特征。向心结构和离心结构理论为"名+名"式四字格的语义的分析提供了有益的视角。

绝大多数四字格都属于向心结构,但是也有极少量的四字格,如"口口声声""婆婆妈妈"等,其整体结构和组成部分的名词的属性不一致,属于离心结构。离心结构的四字格虽然数量有限,但一般都具有很稳定的词形结构和语义。这类特殊四字格从字面上看,都是由名词组成。但是从四字格的整体语义上来看,则完全不是构成其的名词词义的叠加或比喻等,而是通过转喻,使本来由名词构成的四字格承担了非名词性语义的功能。

这类特殊的四字格还有:

沧海桑田　风风雨雨　口口声声　鲁鱼亥豕　(动词性)

风风火火　婆婆妈妈　形形色色　(形容词性)

里里外外　上上下下　(其他词性)

以上这些都是"名+名"式四字格,但其四字格整体语义却是非

---

① 布龙菲尔德:《语言论》,袁家骅等译,第 239 页。

名词性的。“沧海桑田”“风风雨雨”“口口声声”和“鲁鱼亥豕”的语义倾向于动词性。如“沧海桑田”指的是“从沧海到桑田的变化”，常常引申为时间的流逝。“风风火火”“婆婆妈妈”“形形色色”的语义倾向于形容词性。“里里外外”的语义倾向于副词性。“上上下下”有多重语义，既可以是体词，表示集体中从上到下所有的人，也可以是谓词，表示上下往返。

这类离心结构的四字格在句中的使用情况，如：

(48)我们见证了整个国家的沧海桑田，我们更见证了你，我们千千万万个同胞的浮沉，你的命运，你的悲欢，跟整个国家的命运和悲欢一样，都是我们的牵挂。

(南方击末编辑部:《“南方周末25周年纪念”生于1984》2009年2月12日)

(49)一个风风火火、坐立不安的人是不适合做法官的。

(丁国强:《对法官角色的理性思考》,《法制日报》2012年2月15日)

(50)看看有没有污点破洞、是不是邋邋遢遢，发现问题、找到缺点，对自己里里外外来一个“大扫除”。

(人民日报评论员《“正衣冠”难在立查立改》,《人民日报》2013年9月4日)

“名+名”式四字格中的名词主要是由转喻机制实现的非名词语义的表达，这也体现了汉语中词类范畴的连续性原则。

转喻是一种修辞方式，用于被修饰对象相关的其他事物来指代被修饰对象。转喻的重点不在于两者的相似，而是相关，又称为“换喻”或“借代”。实际上，转喻也是一种认知过程，指在同一个认知框内，以一个概念为参照点建立另一个概念(目标概念)的心理联系。目标概念就是本体，作为参照点的概念就是喻体。转喻机制在语言领域的表现为，同一认知框架内的概念在指称和功能上出现调整和转移，如动作行为的概念不一定由动词来完成，也可以由与之有一定关联度的名词来表达；事物状态的概念不一定由形容词来完成，同样也可由与之有一定关联度的名词来完成。因此，通过转喻机制完全由名词组成的四字格中的名词语义与形容词、动词语义中相关的部分被激发了出来，名词在搭配组合中实现了动词性和形容词性的功能。"名＋名"式四字格实现了表达与名词语义相关的动词、形容词、副词等性质的语义。

名词这一表述功能的转变不仅能从思维认知角度得到支持，而且也能从语言的词类范畴及连续性中找到理据。袁毓林提出，词类是一种原型范畴，是人们根据词与词之间在分布上的家族相似性而聚集成类的。一类词的典型成员包含这类词的最多共同特征，是该词类的原型，也是其他非典型性成员进行归类时参照的标准。[①] 张伯江对名词、形容词和动词之间的活用关系进行了梳理，他认为，"如果我们把功能游移的概念扩展到'名词＞非谓形容词＞形容词＞不及物动词'这个系列的任何一个环节上，即认为等级链上的任何一点都可能有其他点上的灵活用法，则至少可以做出这样的假设：凡位于左方者活用作其右任何项目的，必然符合名词功能游移的倾向性规律"[②]。这一图式与 Ross 的 verb/noun continuum（动/名连续统）思路相近，英语动/名连续统的模式是：动词＞现在分词＞完成式形式＞被动式形式＞形容词＞介词＞形容词性的名词＞名词。张国宪提出，汉语动词/名词连续统是单音节动词＞单音节形容词＞双音节形容词＞双音节动词＞名词。

因此，"名＋名"式四字格中的名词具有形容词和动词等其他词类的某些特征，也承担了相应的功能，名词、形容词和动词等词的界限模糊性、非典型性特征和连续性结构实现了"名＋名"式四字格中这一类特殊离心结构四字格的生成。但这种离心结构的四字格数

① 参见袁毓林：《词类范畴的家族相似性》，《中国社会科学》1995 年第 1 期。

② 张伯江：《词类活用的功能解释》，《中国语文》1994 年第 5 期。

量极为有限，绝大部分的四字格仍是向心结构短语。

（四）语义理据特征

四字格固定短语的语义有着极丰富的特点，从中提取出若干重要的固化特征，既有最基本的语义理据特征，又有具体而典型的语义理据特征。

基本的语义特征是四字格应具有充足的语文理据和文化理据。若干名词经过搭配构成四字格后，应有清晰和完整的语义，其组合形式符合汉语的构词习惯和逻辑思维，这样才易于为大众所认知和接受。语文理据和文化理据是四字格生成和稳定的基础和必要条件。汉语是意合型语言的典型代表，在两个语素间建立固定的意义，就能形成一个由这两个语素构成的复合词或者短语。语素间的联系没有固定的规律，而主要依靠使用者的约定俗成而逐渐自然形成。构成复合词或短语的成分之间在结构关系上具有很强的任意性，但其组合又受到词义、语法规则、搭配原则、语体语境等各种因素的制约。总之，任意性影响四字格的生成，理据性又制约着四字格的固化。

1. 专有名词特征

当四字格成为逐条详尽分析一个特定表达某个概念的专有名词时，即获得了在词形和语义上极强的稳固性，就完成了固化过程，成为四字格固定短语。偏正式四字格“N_1＋主义”能够充分说明专有名词特征对四字格固化的重要影响。

“N_1＋主义”是限制性偏正式四字格。“主义”是一个比较特殊的名词，它可以单用，但不常单用，多以 N_2 与其他 N_1 组成短语，且 N_1 多为双音词。四字格形式的“N_1＋主义”，如：

霸权主义　本本主义　帝国主义　封建主义　机会主义
官僚主义　集体主义　经验主义　恐怖主义　马列主义
人道主义　社会主义　象征主义　种族主义　形式主义

宗派主义　资本主义　自由主义

“主义”是指人们推崇的理想观点和主张，其一般都处于 N_2 的位置，与起限定性修饰作用的 N_1 一起组成四字格来表示某种观点、理论和主张。如“帝国主义”“封建主义”“自由主义”等。四字格中的 N_1 一般以双音节名词的形式出现，如“马列主义”实为“马克思列宁主义”的简称，是用音译外国人名的首字来组成双音节词。

限制性偏正式四字格在其语义为特指且成为专有名词时，其在词形和语义上最具稳定性，N_1 一般不能被其他词替换，以四字格的这一固定形式来特指某一概念。四字格专名化的完成实际上意味着其固化的完成。因此，专有名词特征是四字格固化的特征之一。

上一章在语料库中进行四字格临时短语固化研究时，以“人民公仆”等四字格为例，分析了作为专有名词的“人民公仆”成为四字格固定短语的情况。虽然“人民智慧”和“人民尊严”在词形结构和语义理据上都与“人民公仆”有很多相似之处，但并未能完成固化，因而提出了四字格临时短语固化的专有名词特征，即专有名词是成为四字格固定短语的有利因素。

2. 双音节词特征

四字格和双音节词之间存在着密切的关系和复杂的情况。有的四字格是由两个语义相似的双音节词构成，有的四字格则有语义对等的双音节词形式，有的四字格缩略为双音节词后还能与其双音节词进行组合构成新的四字格等。虽然双音节词对四字格产生的影响方式不同，但在此将它们统一归纳为四字格固化语义理据特征中的双音节词特征。其具体表现为：

(1)构成四字格的 N_1 和 N_2 可以独立使用。有的独立使用的双音节词能表达与四字格几乎对等的语义，如“天涯海角”与“天涯”和“海角”，“半夜三更”与“半夜”和“三更”等。或者独立使用的双音节词不能表达与四字格几乎对等的语义，四字格整体语义与 N_1 和 N_2 的语义之和相当，且构成四字格的 N_1 和 N_2 的独立性很强，双音节词

表示的语义与在四字格中表示的语义相同，如“泰山泰水”与“泰山”和“泰水”，“牛郎织女”与“牛郎”和“织女”等。

(2)四字格中 N_2 的语义渗透到 N_1 中，N_1 包含原来“N_1+N_2”四字格的整体语义，N_2 脱落，四字格产生了语义对等的缩略双音节词 N_1 的形式。如语义对等的四字格“头条新闻”和缩略双音节词“头条”。

(3)当构成四字格的 N_1 和 N_2 的语义包含相同的信息，特别是当 N_1 是 N_2 的下位概念时，N_2 较容易脱落，四字格易产生双音节缩略形式，从而影响四字格的固化。如“标点符号”和“标点”，“长篇小说”和“长篇”等。

(4)包含同位结构的特殊四字格为适应某种表达的需要，在某些语境中也采用相应的双音节缩略形式，如“大使先生”和“大使”。

下面以具体例证为基础，将双音节词特征对四字格固化产生的不同影响展开深入分析。

第一，在双音节词特征中，构成四字格的 N_1 和 N_2 可以独立使用的典型代表是“2＋2”式四字格。“2＋2”式是指由两个双音节名词构成的四字格。如：

冬虫夏草　公子王孙　寒冬腊月　逻辑思维　牛郎织女

家家户户　三更半夜　天涯海角　泰山泰水　天南海北

这类四字格在构词形式上是并列的，构成四字格的两个名词在语义上或为相同或相近，如“逻辑思维”；或为相关，如“天涯海角”。四字格的整体语义与其组成部分的语义相关度高，基本可从各组成部分的语义推知出四字格整体语义。如表示“岳父岳母”义的四字格“泰山泰水”，即为表“妻子父亲”义的“泰山”和表“妻子母亲”义的“泰水”的“名＋名”直接相加。

在语言实际使用中，语义相同或相近的并列式“名＋名”式四字格，除了“2＋2”式以外，也有以两个单音节词重叠的形式，如四字格“家家户户”，由于“家”和“户”表示相似的语义，因此四字格“家家户户"也常用双音节词"家家"代替。相对四字格,双音节词的词形更为简短,而语义也并未缺省,较好地满足了语言经济性原则,双音节词出现并代替四字格具有充分的理据。

不使用缩略的双音节词,而使用与之对应的四字格,这或是为了通过较长的词形来强调语义,或是为了凸显正式的语体色彩。因此,尽管有对应的双音节词形式,但这类四字格也相对稳固,有着其适用的语言环境。以并列式四字格"逻辑思维"为例,如:

(51)通常,左脑半球主要用于逻辑思维,右脑半球则主要用于形象思维。

(王义炯:《记忆妙法》,2009 年)

(52)像杨振宁这样具有特殊身份的人,此次抨击《易经》,有些说法不无可取之处,如他强烈批评中国士人对技术的轻视,以及逻辑思维欠缺,这些缺陷客观存在。

(朱学勤:《传统文化思潮激起波澜》,2004 年)

(53)他说这些玩具都含有很深的数学原理,能培养人们的空间想象和逻辑思维能力,在休闲放松的同时,还能学到一种全新的思维方法,旺起来真是受益匪浅。

(李亚楠:《做一个寻找快乐的人》,《青年文摘》2004 年)

(54)上逻辑思维班、特色班,自己的经济难以承受,上普通班又怕孩子输在起跑线上。西安市一家公立幼儿园按收费分班,让家长们纠结了。

(《齐鲁晚报·手机报》2012 年 6 月 27 日)

在例(51)中"逻辑思维"是与"形象思维"对举的概念,表示一种特定的思维形式;例(52)中"逻辑思维"是该句的主语;例(53)中与"逻辑思维"对举的同是四字格"空间想象";例(54)"逻辑思维班"中被作为了班级分类的命名,与"特色班"和"普通班"相对应,这说明

四字格“逻辑思维”的凝固化程度较高，可以与“特色”“普通”双音词一同作定语，修饰中心语“班”。

构成四字格的两个双音节词都有独立且固定的语义，因此很多时候也独立使用，有时候仅表示该双音节词的意义，有时候可表示原所属四字格的意义。用构成并列式四字格的一个双音节名词来表达四字格的意义，音节上的缺省并没有带来意义上的缺省。如：

(55)袁老板去哪儿不重要，只要你我都有信心，哪怕是天涯海角，都是你我自己的园地。

(赖声川:《暗恋桃花源》,1986 年)

(56)爱情也是一样，它应该只是一朵朴素的花，开在山野，自然美丽，戴上它就可以跟你流浪到天涯，如果要给爱情加上许多条件和注解，那就不是纯粹的爱情。

(王虹莲:《爱情是朵朴素的花》,《青年文摘》2007 年)

(57)《那些花儿》里清晰的流水声音让我想起时光的荏苒，一起长大的朋友分散到天涯，距离的隔断真的让大家做到了“老死不相往来”。

(郭敬明:《我们最后的校园民谣》,2008 年)

(58)我的家乡在中国海岸线的最北端，不知什么时候冒出一个说法，天涯在海南，海角在东港。

(中野独人:《我的海角》,2009 年)

在并列式四字格中，构成四字格的 N_1 和 N_2 可以独立使用，有的独立使用的双音节词还能表达与四字格整体几乎对等的语义，如“天涯海角”。这种词形上的不稳定与语义上的相对完整的情况，是四字格固化的不利因素。虽然这种类型的四字格“天南海北”“半夜三更”等已经是为大家所熟知并使用的四字格固定短语，但其所包含的双音节词特征对其固化的潜在消极影响仍是客观存在的。

第二，在双音节词特征中，由于四字格中 N_2 的语义渗透到 N_1

中，而使得N_2脱落，四字格产生了语义对等的缩略双音节词N_1的形式。双音节词N_1的出现，不利于四字格词形的稳定，是四字格固化的消极因素。下面主要以偏正式四字格中的非比喻型为例展开说明。

偏正式四字格多由两个双音节词组成，分为非比喻型和比喻型。"N_1+N_2"偏正式四字格中，N_2是中心语，N_1对N_2起修饰作用，其在四字格中表达的意义即为N_1的本义。偏正式四字格中的N_1对N_2有着不同的修饰作用，如"骨头架子"(属性+中心语)、"冰糖葫芦"(材料+中心语)、"比例税制"(方式+中心语)、"标题新闻"(特征+中心语)。这类非比喻型的普通描写式四字格不会给人们理解和接受带来难度，因为四字格的整体语义基本等于部分意义之和，N_1和N_2组合后的四字格语义即为组合前两个名词的各自的本义，并未因形式上的组合而产生新词语语义上的扩大、缩小、转移等变化。从这一角度上来说，四字格的格式并未带来除了两个名词原来语义以外的附加意义。它们在句子中的使用情况，如：

(59)棉花灯饰的广场上人流很多，也是小商机最多之处，有卖灯饰玩具的，卖圣诞头饰的，还有卖冰糖葫芦和棉花糖的。

(邓勃:《脆弱的草坪平安夜不平安》,《羊城晚报》2012年12月25日)

(60)我国税制以增值税为主体，实行固定比例税制，除了特定商品与服务，一般税率均为17%。

(《税制改革的意义与方向》,《中国金融四十人论坛》2008年)

一般而言，这类整体语义约等于其构成部分语义之和的四字格，不但没有明显增加附加语义，而且在结构上也表现得较为松散。组成四字格的N_1和N_2无论在作双音节词时，或者是搭配构成四字格后，均保持各自本义，这使得成为四字格后的各个名词之间的紧密程度也不太密切。所以，这类四字格词形具有不稳定性。

在一般情况下，N_1和N_2虽然组合成为一个整体的四字格形式，

但是两者的语义仍相对独立，两者之间是被修饰与修饰的关系。另外在一些特殊情况下，N_1和N_2的语义会产生渗透，从而瓦解四字格的词形结构，也极大地影响了四字格的固化。下面以四字格“标题新闻”及与其相关的“头条新闻”“头版新闻”等为例进行详细说明。

非比喻型偏正式四字格“标题新闻”是一个词形和语义都非常稳定的四字格，它被视作四字格固定短语，被收录进《现代汉语词典》。以它为基础，逐渐扩大N_1的范围而生成了新的四字格，如“黑边新闻”“头条新闻”“头版新闻”等，这些四字格有的成为固定短语，有的因N_1和N_2的语义渗透，缩减为了更简短的双音节词“头条”“头版”等。

“标题新闻”是一种新闻的类型，通常以标题形式来阐述新闻事实。它在20世纪的80年代中期至90年代初期以较高的频率出现在以报纸为主的媒体上，以后出现的频次则逐年减少，在如今的报纸上已经比较少见。标题新闻的特点是以题代文，简洁明了，信息含量大，但也因为文字过于简短而部分地牺牲了新闻的完整性。“标题新闻”以四字格形式指代这种特殊的新闻文体，是一个稳定的专有名词，属于四字格固定短语。“N_1＋新闻”的格式也生成了不少新的四字格。如“黑边新闻”与“标题新闻”有着密切的联系，“标题新闻”常常被饰以黑边进行强调，因而产生了“黑边新闻”的提法，“名＋名”式四字格“标题新闻”和“黑边新闻”中的N_1分别从性质和外在特征的角度对N_2进行了描写性的修饰。

“N_1＋新闻”四字格形式还有“头条新闻”，指的是每个版面上最重要的稿件，通常都被放在最显著的版位上，并以各种编排形式加以突出。又如“头版新闻”指载于报纸第一版的重要消息。不仅各类新闻报刊使用“头条新闻”和“头版新闻”，而且网络媒体也常使用。如：

(61)网易首页·新闻中心·头条新闻

(62)新浪微博·头条新闻

(63)新华每日电讯·头版新闻

四字格中起修饰作用的N_1也逐渐单独使用,以表达四字格"N_1+N_2"的整体语义。"头条"和"头版"在报刊中的独立使用。如:

(64)人民网·今日头条一览

(65)头条网·头条(你关心的,才是头条)

(66)台湾东森新闻云·每日头条

(67)苹果日报·头条要闻

(68)南京报纸头版整版刊登寻人启事找张艺谋

(中国广播网,2013年11月26日)

(69)人民日报头版发文:部分党员党内培植小团体小山头

(中国新闻网,2014年9月1日)

"头条"和"头版"合用而构成了新的四字格"头版头条",指的是每期报纸最重要的内容,位于报纸第一版最显著位置的重要新闻。如:

(70)铁血社区·头版头条

(71)9月1日四大证券报头版头条内容精华摘要

(新浪财经,2014年9月1日)

(72)《人民日报》四天头版头条关注京津冀协同发展

(人民网,2014年8月13日)

(73)践行核心价值观:《光明日报》头版头条刊发容县农民杨万宗义务广播30年的报道并配发短评

(广西新闻,2014年3月20日)

作为专有名词的"标题新闻"是四字格固定短语,因为它有极其稳定且对应的词形和语义。"黑边新闻"是从新闻外在特征的角度描写"标题新闻",虽然认知度和接受度不如"标题新闻"那么高,但仍以稳

定的词形和语义而成为四字格固定短语。“头条”“头版”本来是作为描述“新闻”的成分出现，作为 N_1 修饰中心语 N_2“新闻”，构成偏正式“名十名”式四字格“头条新闻”和“头版新闻”。“N_1 +新闻”四字格中的中心语 N_2 反而脱落，而独立成为双音节词“头条”和“头版”，并表示和四字格“头条新闻”和“头版新闻”相同的语义。其原因是：

“头条新闻”和“头版新闻”最初是用于报纸这一媒体中，以出现在报纸上第一条或者第一版的显著位置来突出新闻的重要性。由于“头条新闻”和“头版新闻”出现在以新闻为主要内容的报纸上，就常常省略中心语“新闻”，直接以“头条”或者“头版”出现。久而久之，本来是在四字格中其修饰作用的中心语 N_1“头条”和“头版”逐渐具有了中心语 N_2“新闻”的语义，因而中心语脱落，N_1“头条”和“头版”得以独立使用。“头条”和“头版”在语义上具有紧密的相关性，因而可以再次搭配成为新的四字格“头版头条”。

因此，在合适的语境中，四字格可能缩略为双音词，其起修饰作用的 N_1 逐渐包含了中心语 N_2 的语义，双音词 N_1 替代了“N_1 + N_2”四字格。如四字格“头条新闻”和“头版新闻”其最初也是最高频出现的媒体即为报纸，而报纸的作用就是传播新闻，因而当“新闻”的语义出现于报纸这一载体时，就变成了一个冗余信息而容易被省略。但是，描述中心语的 N_1“头条”和“头版”则因为具有区别性的语义特征而不能省略，不但最终被保留了下来，还暗含了中心语“新闻”的语义特征，成为与四字格“头条新闻”和“头版新闻”语义对等的双音节词。四字格出现与之对应的双音节词语，是四字格固化中的不稳定因素。

第三，在双音节词特征中，当构成四字格的两个名词的语义所指关系密切相关，N_1 和 N_2 的语义包含一定量的相同信息，特别是当 N_1 是 N_2 的下位概念时，N_2 较容易脱落，四字格易产生双音节缩略形式。

从偏正式四字格的语义特征来看，描写性四字格 N_1 对中心语 N_2 的修饰大都不指向范围，而是从特点、材质等方面进行的修饰；而

限制性四字格的中心语 N_2 在 N_1 的限制作用下，N_2 的指示意义范围因限定而被缩减。因此，在偏正式四字格中，限制性偏正式四字格比描写性偏正式四字格更易产生相应的双音节缩略形式。

限制性偏正式四字格中的 N_2 一般为语义清晰且可独立使用的名词，同时也具有较强的与其他词语的搭配能力，四字格中的 N_1 虽然对 N_2 进行了限定，但 N_1 所表示的概念也常为 N_2 所表示的概念的一个子类，N_2 受到 N_1 限制后，四字格所指示的范围较 N_2 缩小，其四字格的整体概念多是其构成成分 N_2 的下位概念。如：

足球运动　网球运动　田径运动　水上运动　肌肉运动
体育运动　五四运动　整风运动　农民运动　工人运动
群众运动　文化运动

以上四字格中的 N_2“运动”最常使用的意义是体育活动。在四字格中 N_1 对 N_2 进行了限制性的修饰，缩小了 N_2 所表示的概念指示的范围。因为 N_1 也是一个音、形、义完整且常独立使用的名词，所以当四字格中的 N_1 对 N_2 进行限制后，四字格的整体语义实际上与 N_1 的语义大致相当，多用双音词 N_1 表示该语义，双音词“足球”“网球”等的使用频率远高于四字格“足球运动”“网球运动”。但是，如果起限制作用的 N_1 不是 N_2 的下位概念时，四字格的整体语义则与 N_1 的意义并不相当，则四字格并无语义上与之相当的双音节词形式，如四字格“水上运动”“肌肉运动”不可缩略。除了指称体育运动以外，“运动”还可指政治和文化等方面有组织、有目的且规模较大的群众性活动。以四字格“N_1＋运动”指称某次特定的运动，则是一种限定性修饰，也使得该四字格具有了专名的性质，从而在词形和意义上都凝固下来，成为四字格固定短语，如“五四运动”“整风运动”等。若这类四字格并非特指历史上的某次运动，N_1 只是限制了 N_2 所指示的范围，如“工人运动”“群众运动”，那么这类四字格并不能称为专有名词，虽然也是语义稳定的四字格固定短语，但是不具备专有名词四字格那样的稳定性。

这类四字格产生双音节词缩略形式的理据和在句中实际使用的方式都呈现出一些差异。下面以收入《现代汉语词典》中的四字格固定短语为例进行考察，如：

标点符号（标点） 高层建筑（高层）

长篇小说（长篇） 宝贝疙瘩（宝贝）

四字格"标点符号"中 N_1"标点"是 N_2"符号"的下位概念，因此，"标点"对"标点符号"而言，它的缩略语义理据充分且没有语义缺失，两者在语段中表达相同的语义。如：

(74)我们那个时候学作白话文，听他说什么文章要加标点符号，这是一大发明，又听他说世界上有马克思主义。

（成庆：《从陈独秀说起》，《南方周末》2012 年 4 月 20 日）

(75)如果所有句子都加上标点符号，然后横着写，恐怕就不能满分了。

（韩寒：《诗歌的问题》，2003 年）

(76)我想替她重标一下标点，力不从心。一"逗"到底，还看得明白，若重新断句，则没有一句话意思是完整的。

（梁晓声：《我的大学》，2009 年）

(77)比如学生给我交论文，要是满篇错别字不断、标点句读不通、格式随意，我基本会让其返工。

（张绍刚：《魔鬼藏在细节里》，《广州日报》2011 年 11 月 15 日）

"N_1＋符号"这类四字格在汉语中数量很多，除了"标点符号"以外，还有"数学符号""加减符号""化学符号""元素符号""纳粹符号""文化符号"等。这些四字格中的 N_1 和 N_2 在语义上并不是相关的下位和上位概念，因此四字格中 N_1 对 N_2 所起的限定语义范围、性质等作用是完全必要的，四字格的整体语义必须从 N_1 和 N_2 中共同得出，所以不可能有语义对等的双音节的缩略形式。

又如四字格"高层建筑"，虽然在实际生活中也常常被缩略为"高层",但其缩略的缘由和"标点符号"有不同之处。"高层建筑"在我国指超过10层的住宅建筑和超过24米高的其他民用建筑,随着近年来房地产业的迅速发展,"高层建筑"一词频频见之于各类媒体。"高层"作为N_1,本来是限制N_2"建筑"的类型,起着限制并具体指示建筑类别的作用,N_1和N_2在四字格中都有表义的作用,不能省略。但实际生活中,双音节词"高层"却频频出现,以替代"高层建筑"。如:

(78)济南市救护中心的工作人员说,最怕去高层,因为目前省城不少小区的电梯都放不下担架,只能抬着病人走楼梯。

(李明:《高层电梯"卡住"救命担架》,
《生活日报》2012年12月15日)

(79)济南挂牌出让11宗国有建设用地使用权,1宗用于商业金融业,其余10宗土地用于居住,其中7宗规划为高层住宅。

(曹茜,柴颖颖:《济南11宗国有建设用地使用权挂牌出让》,
《济南时报》2012年6月15日)

(80)它们基本都是平房、低层建筑或多层建筑,容积率低,位置好,未来陆续会被改造成小高层或高层建筑。

(董藩:《北京房价能否涨到80万元/m²》,
新浪微博,2013年9月26日)

"高层建筑"缩略为"高层"的理据性并不像"标点符号"缩略为"标点"那么充足。因为"高层"作为名词既有高大建筑义,又有"海拔位置较高的高层大气层"义,还有"处于最上层的官职和地位"义。作为N_1的"高层"和"建筑"也不像"标点"和"符号"一样,N_1完全是N_2的语义子集。尽管如此,在日常生活中"高层建筑"以极高频率的出现和使用,不但产生了语义对等的"高层"缩略形式,还在其基础上产生了"大高层""小高层"等新词,附加元素在语义上起到了更细致的区分作用。

再如与"高层建筑"缩略成"高层"相似的四字格"长篇小说"和

“宝贝疙瘩”。在“长篇小说”中，N_1和N_2语义特征有重合但无上、下位的包容关系，也常以“长篇”替代“长篇小说”；四字格“宝贝疙瘩”多在方言中使用，比喻极受宠爱的孩子或人，也多用双音词“宝贝”替代“宝贝疙瘩”。相对于其他如“V＋N”或“A＋N”形式的四字格，“名＋名”式四字格出现双音词缩略形式的情况仍是比较少的。

当N_1不是N_2的子类概念或两者的语义重合度较低时，四字格的整体语义为N_1和N_2的相加，构成四字格的任何一个双音节词都难以完整地表达该四字格的整体语义，那么该四字格很难产生双音节缩略形式。如“N_1＋问题”：

个人问题　社会问题　经济问题　作风问题

“N_1＋问题”是汉语中常用的四字格，N_2为中心语，N_1限定并具体阐述N_2的范围、性质或内容等。N_1和N_2分属不同的语义集中，两个语义集之间既非包含关系，也没有重合的部分，N_1对N_2只起到单纯的限制作用，四字格的整体语义需要合取N_1和N_2的语义。这类限定性偏正式“名＋名”式四字格一般无法缩略成双音节词。

除了构成四字格的N_1和N_2直接脱落一个名词产生对等的双音节词缩略形式以外，四字格还可能有另一种双音节缩略形式，即由“ABCD”四字格缩略成“AC”。如：

乙型肝炎（乙肝）　交通警察（交警）　男子足球（男足）

彩色电视（彩电）　社会科学（社科）　邮政编码（邮编）

汉语中像这种提取多音词中间若干语素组成新词而完成缩略的情况非常多见，如四音节词“北京大学”简称“北大”，五音节词“校长办公室”简称“校办”，六音节词“世界贸易组织”简称“世贸”，七音节词“纪律检查委员会”简称“纪委”。但包含有音译词的多音节词一般不用缩略形式，如“哈佛大学”等。

四字格“乙型肝炎”缩略为“乙肝”等例证都取“AC”为新的双音节词，以替代原来四字格“ABCD”，这种取“AC”语素的方式最为普遍接受。但有些四字格用这种方法缩略，被认为不如取四字格中的“AD”

语素更具理据性。如"邮政编码",其缩略形式应该是"邮编"还是"邮码",学术界曾有过热烈的讨论。李苏明认为"邮码"的偏正结构与原四字格"邮政编码"同构,且其语义比"邮编"语义更加明确,从理据上应选"邮码"作为缩略语。高元石根据使用量的统计,认为应遵循社会通用习惯,选"邮编"作为缩略语。罗福腾以新版《现代汉语词典》收录"邮编"为"邮政编码"为例,对词语的规范和取舍进行了分析。"邮政编码"选择了构词理论较弱但是社会认可度较高的"邮编"作为缩略词,应该是受到了四字格多取第一字和第三字组合为双音词这一规律的影响。总体而言,四字格"ABCD"的缩略式以取其中的"AC"较多,这种方式更符合汉语思维习惯,也更易为大众所接受。

由此可见,N_1 和 N_2 的语义是否包含相同信息或上、下位概念的关系而影响四字格能否产生双音节缩略语形式。无双音节词缩略形式的四字格有着更稳定的词形格式。因此,N_1 和 N_2 的语义关系是四字格固化的特征之一。

第四,在双音节词特征中,为适应某种表达的需要,包含同位结构的特殊四字格在某些语境中也采用相应的双音节缩略语形式。

四字格中还有一类比较特殊的四字格,组成四字格的 N_1 和 N_2 是同位关系,一个是本位语,另一个是同位语,同义复指相同的概念。虽然同义复指指的是单一的概念,但是由于指称时表意的角度不同,因此在语义上两者不宜被看成是并列结构,而更宜将其看成偏正结构。四字格中的同位语,为适应不同语境的需要,可能会缩略四字格中的某一部分,将构成四字格同位语的某部分名词独立使用。

汉语中 N_1+N_2 同位结构的两个成分虽然指示的是同一个概念,但是并非为任意组配,而是具有一定的制约关系。两个成分之间不但具有修饰性的语义关系,而且意义有归属、解释等上、下位关系。最典型的 N_1+N_2 四字格同位结构有三种:

一是"专名＋通名"形式,如:

张荣校长　平遥县城　泰山景区

二是“通名+专名”形式，如：

首都北京　教授李华　总理英拉

三是“通名+通名”形式，如：

导游小姐　大使先生　总编老师

在前两种构词形式中，N_1对N_2有说明或者限制性的修饰作用，内容上多为称谓、地名等，构词的自由度很大，短语形式非常不稳定，一般很少将其当作四字格。在第三种构词形式中，两个通名是从不同的角度指称同一概念，叠用通名是为了给所指称事物增加一定的信息量，语义较宽泛，且多为不定指。虽然在严格意义上不能作为四字格，但较前两种同位语形式，它具有更稳定的词形和语义，在双音节词的省略形式上也呈现出与前面所述四字格相似的情况，因而也将其当作一类较为特殊的四字格纳入四字格固化中双音节词特征的讨论。

受语言经济性的影响，同位结构的四字格，常常省略复指的同位语部分，而只用本位语部分，仅以双音节词来指称概念。下面以“新华网”和“人民网坛”的外国驻华大使访谈（包括法国、德国、西班牙、巴西等国家的驻华大使）为例，考察与“大使”相关的用例，如表4-1：

表4-1　与“大使”相关的用例表

出现次数	称呼	占总数的比例
44	大使先生	44%
31	大使	31%
15	驻华大使	15%
8	姓名+大使	8%
1	大使阁下	1%
99	总计	100%

注：“姓名+大使”，如“苏华大使”“关大使”“史大使”等。

“驻华大使”主要是人民网或新华网的访谈主持人在访谈正式

开始之前，做受访人身份背景介绍时所使用的，其他的四个称呼是主持人和参与网络互动的网友对受访大使的称呼。从使用比例上看，“大使先生”和“大使”的使用率较高。以“大使先生”来突出对受访人的尊重，“大使”是指示身份的普通词语。虽然只有部分大使有汉语名字，但是符合中国人习惯的“姓名＋大使”也出现了若干例。比较书面化的“大使阁下”也出现了一例。

以上析得的四字格固定短语的双音节词特征，极其充分地验证了前面四字格临时短语动态分析中所提取的相关特征。如未完成固化的四字格临时短语“农民群众”“职工群众”和完成固化的四字格固定短语“人民群众”，以其固化情况所提取出的特征和条件参数，即当 N_1 是 N_2 的下位概念时，N_1 和 N_2 的关系不密切，从而影响四字格的固化；又如四字格“领导干部”为同位结构，容易产生相应的双音节缩略语形式，从而影响四字格的固化。

3. 含缩略成分特征

有的四字格中包含数字或者其他缩略成分，指代的语义信息量较大，充分满足了语言经济性的原则，即以简短的四字格形式，表达内涵丰富的语义。虽然包含缩略成分的四字格可能会在短时间内给人们带来一定的理解难度，但随着四字格使用范围的扩大和频率的增加，四字格的词形和语义都获得大众的普遍认可后，其能更快地实现四字格的固化。含缩略成分是四字格固化的特征之一。包含简称的四字格，如：

工农联盟　金砖国家　拉美国家　青藏铁路　日经指数

“拉美国家”指“拉丁美洲国家”；“青藏铁路”指“东至青海西宁，南至西藏拉萨的铁路”；“金砖国家”指的是巴西、俄罗斯、印度、中国和南非这五个国家，它们的英文首字母组合起来为“BRICS”，正好是英文“砖头”的单词，这五个新兴经济体国家所组成的组织便以各个国名首字母组成的英文单词的汉语意译而得到了“金砖国家”的固定称谓。

还有一些四字格中包含数字，虽不能算是严格意义上的“名＋

名”式四字格，但因为是包含缩略形式的四字格，因此仅举数例以明其类，并不作深入考察。如：

铁人三项　三个代表　文房四宝　五讲四美　一国两制

四字格“一国两制”是“一个国家，两种制度”的缩略。“三个代表”“铁人三项”等是以数字代指各项具体的事物。“文房四宝”是指“书房里经常摆放的笔、墨、纸、砚这四种物件”等。

这些包含数字或其他缩略成分的四字格，以简短的四字格词形表达丰富的语义。四字格中的数字和简缩成分都有着固定且具体的指代，以四字格表达了数倍于普通四字格的信息量，同时也充分考虑到了词义可识别程度和社会可接受度。包含缩略成分的四字格较其他普通四字格更容易完成指称化，在形式上趋向于表示指称的词，进而成为有稳定词形和语义的专有名词，完成固化，成为四字格固定短语。

以上通过分析四字格固定短语所得到的缩略成分特征，充分地验证了前面四字格临时短语动态分析中所提取的相关特征。如四字格“社情民意”以小偏正大并列的形式，在缩略的词形格式中包含了大量的语义，最终成为高频使用的四字格固定短语。

4. 图式联想特征

图式联想特征是一个对四字格固化产生积极影响的特征。当四字格临时短语的语义与某一四字格固定短语的核心语义特征有着密切的语义关联时，两者便具有了很强的图式联想理据，这类四字格临时短语也较易于完成固化。在上一章有关语料库四字格临时短语的动态分析中，我们以“N_1＋文化”“文化＋N_2”和包含颜色词的四字格为例，考察了由其体现出的四字格临时短语固化的相关特征。下面以包含“文化”的四字格固定短语为例展开分析，并对固化的相关特征作出验证。

在《现代汉语词典》中，包含“文化”的四字格共有 10 个。其中，“N_1＋文化”四字格有 5 个，即：

良渚文化　红山文化　龙山文化　仰韶文化　快餐文化

“文化+N_2”四字格有5个，即：

文化产品　文化产业　文化沙漠　文化市场　文化事业

“文化”一词所涵盖的内容庞杂繁复，广义的文化是指人类创造的一切物质产品和精神产品的总和；狭义的文化专指语言、文学、艺术及一切意识形态在内的精神产品。人们在阐述文化概念时，常常需要用限定性的词语来区别文化的所属范畴和具体所指。

一定的时间和空间是文化产生和发展的基础，因而从时间和空间的角度对文化进行命名最为常见，根据以上10例可以归纳出包含“文化”一词的四字格在语义上的两大基本类型，同时也反映了“N_1+文化”和“文化+N_2”四字格的两个核心语义特征，与前一章动态分析中的“N_1+文化”和“文化N_2”四字格结论一致，所体现出的核心特征基本相同，即当N_1为地域概念或时间概念时，如“龙山文化”“仰韶文化”，既指代某种文化的地域概念，也涵盖时间概念；N_1或N_2具有说明文化的某种特质或范围等的作用，如“快餐文化“文化产品”“文化事业”等。

当N_1为地域或时间概念时，“N_1+文化”常常是专有名词形式，有着固定的指代概念，因而常常是四字格固定短语的形式。如：

华夏文化　玛雅文化　希腊文化　湖湘文化　齐鲁文化
巴蜀文化　史前文化　上古文化　中世文化　近代文化
现代文化　当代文化

地缘性和时间性是文化概念中标示文化属性、阐释文化价值的关键因素。在表达文化概念时，依据认知心理学的研究，人对自身和世界的认知方式直接影响着语言的表达和概念的形成。人的认知规律是先空间，再时间，再性状。具体表现为一维空间只有一个方向，二维空间是一个由长和宽两个方向构成的平面，三维空间是由长、宽、高三个方向构成的立体，四维空间则在三维空间的基础上增加了时间方向，是流动的立体空间。任何低一级维度都是高一级

维度的横切面。先有空间维度，才有丰富的时空维度。因此，无论是从概念命名的理据性，还是从人类认知的规律性上，地域性和时间性特征的 N_1 与“文化”组成的四字格数量巨大且内涵丰富。

图式认知既是挖掘“N_1 ＋文化”四字格词群语义特征的因素之一，也是四字格临时短语固化的特征之一。“图式(schema)”一词早在康德的哲学著作中就已出现，并为近代心理学研究中的格式塔心理学高度重视。图式理论是一种关于知识的认知模式，即人的知识如何被表征、被分类和被有效应用的认知理论。它代表个人对事物、人、环境等相关知识的认知结构，包括对认知对象的特点以及这些特点之间关系的认识，表现为围绕某一个主题组织起来的知识的表征和贮存方式。人脑中所保存的一切知识都能分成若干单元、构成组块并组成系统，这些单元、组块和系统就是图式。图式作为一个由多个部分构成的有机整体，绝不是各个部分地机械相加，而是存在一定的内部组合规律，组合的过程需要对加工的信息进行拟合、优化、评价，最终形成有效图式。地缘性和时间性是文化概念的关键要素，通过图式联想产生了大量的“文化”组块，并在社会生活中历经演变、淘汰和选择后沉淀为识别度和流通度较高的文化概念。这些文化概念不仅指示概念本身的意义，而且反映了文化概念的价值演变状况。

因此，通过图式联想，包含名词核心特征的一类词聚合到一起，往往能够生成深层语义特征相似的四字格词群，并且较易在词形和语义上稳定下来，并逐渐发展成为四字格固定短语。

在四字格中，较为典型的以图式联想形成四字格词群，并大量发展成为四字格固定短语的还有包含颜色词的四字格，如：

白色恐怖　白色垃圾　白色收入　灰色市场　灰色收入
红色旅游　黑色火药　黑色金属　黑色食品　黑色收入
黑色幽默　黄色炸药　绿色壁垒　绿色标志　绿色食品
绿色通道　蓝色农业

不同的颜色词在语义指代上，不仅包括对某种具体色彩的指称，还包括由该色彩约定俗成的图式联想语义。颜色词这一共同的语义特征也使得包含颜色词的四字格成为一个词群，而且是满足图式联想特征的具有固化积极因素的四字格词群。

(五)语义透明度特征

四字格的固化突出表现为其结构的固化和语义的固化。因此，四字格的语义是关涉四字格临时短语固化的重要指标之一。语义透明度属于语义理据范畴内，但因为四字格的语义透明度对四字格固化有着十分重要的影响，因而我们将四字格固化特征的语义透明度特征单列以进行详尽的阐述。

语言学界用"语义透明"来说明语言单位的"整体意义"可从其"部分意义"上得出的难易程度：整体意义可以从部分意义上得出，语言单位的意义透明则；反之则不透明。大部分词的语义是不透明的，大部分短语的语义是透明的，但成语、惯用语等固定短语的语义是不透明的。

在语义层面，四字格整体与其构成成分表征集合间的重叠程度有高有低，具体反映为是否可以根据词汇各个部分的意义看出词汇的整体含义。构成成分的意义和四字格整体语义的重叠程度越高，则四字格的语义越透明；反之则越不透明。语义透明度高低不仅影响学习者对词义的掌握程度，而且也影响词语本身的发展趋势。从学习者的掌握情况看，语义透明度高的词语较容易被学习者掌握，而语义透明度低的词由于其构成要素的意义和整体语义相差比较大，理解起来有一定的难度。从词语本身的发展趋势来看，语义透明度和词语固化的关系比较复杂，呈现出多种情况。主要有以下几种形式：

(1)四字格的整体语义泛指与其构成成分的名词语义相关的类概念。如"柴米油盐""楼堂馆所"，其语义透明度低，四字格固化程

度高。

(2)四字格中的非比喻型四字格，如“湖光山色”，以及比喻型四字格，如“文山会海”，体现了不同层级的语义透明度，也对固化产生了不同程度的影响。

(3)构成四字格的名词经隐喻认知进行超常搭配，而具有了较低的语义透明度和稳定的词形结构，逐渐完成四字格的固化。

下面通过例证，对以上三类情况进行分析。

语义透明度特征中的第一类情况，四字格的整体语义泛指与其构成成分的名词语义相关的类概念，其典型代表为“1+1+1+1”式四字格，即由四个单音节名词构成的四字格。在《现代汉语大词典》(第6版)中共收录了6个，分别是：

鳏寡孤独　伯仲叔季　柴米油盐　妻子儿女

经史子集　妖魔鬼怪

在日常生活中，人们使用较多的这种类型的四字格还有：

笔墨纸砚　豺狼虎豹　春夏秋冬　锅碗瓢盆　楼堂馆所

豺狼虎豹　锅碗瓢盆　王侯将相　梅兰竹菊　江河湖海

由四个单音节词构成的“1+1+1+1”式四字格，其构成部分除了名词以外，还有由四个单音节动词构成的四字格，如“骄奢淫逸”“生老病死”“望闻问切”“起承转合”“跑冒滴漏”“吃喝玩乐”等；也有由四字格单音节形容词构成的四字格，如“礼义廉耻”“酸甜苦辣”；以及由四个单音节虚词构成的四字格，如“之乎者也。”

由四个单音节构成的并列式“1+1+1+1”式四字格，其组成成分无论是名词、动词或者形容词、虚词，都有两个共同点：一是构成四字格的四个单音节在语义上相关，属于同一个认知范畴；二是四字格整体意义一般不仅仅指这四个单音节名词的语义之和，而多泛指与这些名词语义相关的类概念。如“笔墨纸砚”又称“文房四宝”，是指称四种中国独有的书写工具，又以湖笔、徽墨、宣纸和端砚最为有名。随着书写工具的变迁，现在它们只有在进行书法创作时使用。在现代汉语中"笔墨纸砚"虽仍然较多的指称其字面的意思，即具体指代毛笔、墨、纸和砚台，但也常常泛指其他现代的书写工具。

又如四字格"柴米油盐"，它既指具体的事物，如米、油、盐，和替代柴火的燃料煤气，但是该四字格的整体语义所指往往不仅仅指一日三餐所必需的柴米油盐，而是泛指生活中一切必需品。四字格的这种构词形式，使"柴米油盐"的整体语义在四个单音节名词的各自语义的基础上得到扩充，语义指代的范围有所扩大，从对具体四种事物的指代扩大到对与四种事物相关的一类事物的泛指。如：

(81)这一年，普通老百姓也前所未有地关心柴米油盐，关心粮食与蔬菜。在高标额短缺经济多年之后，突然重新面临房子荒、车牌荒，甚至电荒、油荒，于是由荒而慌。

（肖华：《丈量春天的距离》，《南方周末》2011 年 1 月 6 日）

(82)文学不是柴米油盐，不能当饭吃，但是文学让我们的心灵悸动，让我们的精神产生温度，让我们的庸常生活和生命有了意义。

（《是谁折断了"情怀"的翅膀》，《人民日报》2010 年 7 月 14 日）

例(81)中的"柴米油盐"代指一切与生活相关的食品；例(82)中的"柴米油盐"的语义更加虚化，指的是与精神食粮相对应的物质食粮。

这种"1＋1＋1＋1"式四字格在结构上是并列式，在语义上虽多泛指与构成名词语义相关的类概念，但在具体所指时常常因依据上下文语境在语义所指上有所偏重。

(83)长期以来，修建豪华楼堂馆所、坐豪车、吃豪宴、豪华游，办豪华婚丧、开豪华会议、办豪华庆典或研讨会甚至公款豪赌现象一直屡禁不止，仅全国政府机关饮酒量就相当于每年喝掉一个"西湖"，政府"三公"费用居高不下。

（支振锋：《抑止奢侈浪费考验国家治理水平》，《法制日报》2012 年 4 月 24 日）

(84)从这些年的实践看,停建楼堂馆所、腾退清理超标准占用办公用房的难度不小。

(《停建楼堂馆所就是要“一刀切”》,
《人民日报》2013年7月29日)

“楼堂馆所”字面意思是各种建筑,但实际上主要包括两种性质的建筑:一是指非经营性的建筑,如办公楼、展览馆等;二是指经营性的建筑,如宾馆饭店、写字楼等。在实际生活中,“楼堂馆所”多用其第一种意义,尤指非经营性的政府办公楼。2013年7月23日,中共中央办公厅、国务院办公厅近日印发了《关于党政机关停止新建楼堂馆所和清理办公用房的通知》,因而各类媒体纷纷依照官方文件中对“楼堂馆所”倾向于指政府办公大楼这一语义来使用该四字格。

又如“锅碗瓢盆”。该四字格从字面上看,是指锅、碗、瓢、盆这四种厨房用具,但四字格“锅碗瓢盆”其整体语义并不仅仅指这四种厨具,而是泛指与锅碗瓢盆同类的所有厨房用品,或者进一步指称抽象意义上的与锅碗瓢盆所具有的容器特征相关的概念。如:

(85)我记得很清楚,晓剑上小学4年级的时候,他自己就会做蛋炒饭了,或许从那时候开始,他就喜欢跟锅碗瓢盆打交道了。

(丘付玉:《厨艺里的快乐人生》,2008年)

(86)雨季来时,外面下大雨,屋里漏小雨。家里的锅碗瓢盆全用来接雨了。

(风为裳:《母爱的拐弯》,《青年文摘》2007年第12期)

(87)如果实体经济这些锅碗瓢盆都是漏的,那水再放进去,这个金融资源还是浪费。

(邓瑾、樊殿华:《温州能否涅盘重生》,
《南方周末》2012年4月2日)

又如“豺狼虎豹”。构成该四字格的四个单音节名词分别指称四种高大威猛的中型兽，因“猛兽”和“恶人”在对人的危害性这一特点上是相似的，所以“豺狼虎豹”又用来指称凶残的恶人。在句子中使用时，表“恶人”义的“豺狼虎豹”有时用“像”来直接明喻，有时则用“是”来暗喻。如：

(88)“豺狼虎豹确定为首批搬迁对象，符合‘先难后易’原则。”长沙动物园相关专家透露。

(沈荣华:《长沙动物园数十头豺狼虎豹搬迁，警车开路》，《凤凰网》2010 年 9 月 6 日)

(89)我相信中国的官廷官府所实施的杀人办法，是人类从猿猴变过来之后几十万年间最为残酷的自戕游戏，即便是豺狼虎豹在旁看了也会瞠目结舌。

(余秋雨:《流放者的土地》，1995 年)

(90)他们用拳头、用旗杆、用木棍打成一团时，像是一群豺狼虎豹。

(余华:《兄弟》，2005 年)

(91)投降派的意见有三条：第一条，曹公豺虎也，就是曹操本来就是豺狼虎豹，本来我们就敌不过他，他力量强大，这是第一点。……

(易中天:《品三国》，2006 年)

构成并列结构的“1＋1＋1＋1”式四字格中的四个单音节名词，虽然都分别有着各自不同的意义，但在语义上有着很强的关联性，一般都属于同一个语义范畴。从语义信息量的角度来看，这种四字格的整体语义大于各个构成部分的名词语义之和。符合语言经济性原则，即在有限的音节长度内表达尽可能多的语义。语义理据的增加，有利于实现四字格的固化。

与“1+1+1+1”式四字格泛指与构成名词语义相关的类概念相似的，还有一类由两个单音节词重叠而成的“2+2”式四字格。如：

男男女女　瓶瓶罐罐　里里外外　家家户户

日日夜夜　上上下下　汤汤水水　祖祖辈辈

汉语中可以重叠的名词数量有限，名词在重叠这一语法手段的作用下，在语义上也必然所有改变，重叠后的名词在单音节名词的基础上增添了不同的附加语义。

如“男男女女”重叠了指代性别的名词“男”和“女”，以四字格“男男女女”表示有男有女的一群人；“瓶瓶罐罐”重叠了指代容器的“瓶”和“罐”，以四字格“瓶瓶罐罐”指代以瓶子和罐子为代表的各种容器。“男女女女”和“瓶瓶罐罐”因为名词重叠而有了“众多”义。四字格“日日夜夜”“家家户户”则因名词重叠而附加上了“每一”义，分别指每一个白天晚上和每一个家庭。四字格“上上下下”“里里外外”因名词重叠而附加上了“从……到……”义，分别指从上到下以及从里到外。这种名词的重叠形式使得四字格的整体语义在原来各个名词语义的基础上增添了附加义。因此，这种由重叠形式而产生的某种附加语义，使得四字格的整体语义信息量大于其组成部分语义的简单相加，一方面使得四字格的语义透明度降低，另一方面也稳固了四字格的词形，使得四字格在词形和语义上得到系连和稳固，从而促进了四字格的固化。

语义透明度特征中的第二类情况，并列式四字格中的非比喻型四字格，如“湖光山色”，以及比喻型四字格，如“文山会海”，它们体现了不同层级的语义透明度，也对固化产生了不同程度的影响。

非比喻型小偏正大并列四字格，如：

巴山蜀水　冰天雪地　冬虫夏草　湖光山色　暮鼓晨钟

街头巷尾　花前月下　山南海北　外圆内方　杯水车薪

在这类四字格的偏正关系中，修饰中心语名词的也是名词，但起修饰作用的名词和做中心词的名词，两者的语义关系为限制或说明，其界限并不分明。如“巴山蜀水”“湖光山色”等，“巴”和“蜀”可以说分别修饰“山”和“水”，也可以说限制了“山水”的范围，特指四川地区的山山水水。“湖”和“山”修饰表示风光意义的“光”和“色”，既可视作限制性修饰，也可视作说明性修饰，泛指风景秀气的山水风景。“冬虫夏草”指的是虫和草结合在一起长的一种复合体，冬天是虫子，夏天从虫子里长出草来，是一种传统的中药材。“冬”和“夏”说明“虫”和“草”出现的时间。很多非比喻型四字格，其词义都可以从字面上得出，但是在实际使用中，也常常使用其比喻性语义。如“暮鼓晨钟”，其字面义指的是佛寺中早晚报时的钟和鼓，但多用以比喻使人警悟，也用以形容时光推移。“杯水车薪”，字面义是指用一杯水去救一车着了火的柴草，常常用以比喻力量太小，解决不了问题。

比喻型的小偏正大并列四字格与非比喻型的四字格，两者最大的区别在于，比喻型四字格只表示比喻义，而不表示其本义。如：

鞍前马后　车水马龙　刀山火海　风刀霜剑　鬼头鬼脑

红男绿女　狐朋狗友　铜筋铁骨　文山会海　杯水车薪

以上四字格的整体语义体现的是与其构成部分的名词语义相关的比喻义。如“刀山火海”比喻非常艰险和困难的地方。“鬼头鬼脑”形容行为鬼祟。“铜筋铁骨”比喻十分健壮的身体，也指能担负重任的人。四字格呈现比喻的方式也不尽相同。有的四字格既包含本体，也包含喻体，如“车水马龙”；有的四字格只出现喻体，而不出现本体。如“鞍前马后”“杯水车薪”。这类比喻型四字格在句子中的使用情况，如：

(92)康伟业自然是不能不答应的，这顿饭纵然是刀山火海他也得上。

(池莉:《来来往往》，1998 年)

(93)难以想象,扛着一捆竹竿的他,走在车水马龙的大街上是副什么模样。

(丁立梅:《在岁月面前认输》,《青年文摘》2010年第6期)

(94)即便嫡长子也不能安享富贵,而是要随国王鞍前马后地征战,战死沙场并不是什么稀罕事。

(张醉轩:《被误解的贵族》,《读者》2011年第2期)

(95)即使有些家庭享受到了福利救助,这对患儿的整个康复治疗过程也只是起到了杯水车薪的作用,也是远远不够的。

(梁敏:《脑瘫儿享受福利“杯水车薪”》,
《齐鲁晚报》2009年5月15日)

(96)国家对学术性期刊虽有一定的鼓励支持,但杯水车薪、力度太小,不能适应目前的形势。

(白世伟:《学术期刊举步维艰》,《光明日报》2013年2月8日)

“车水马龙”的本体“车”“马”和喻体“水”“龙”一同构成了四字格,“车水马龙”指车像流水,马像游龙,形容车马或车辆很多,来往不绝。“鞍前马后”则只出现喻体,而没有出现本体,指跟随在别人身边,小心侍候。出自《孟子·告子上》的“杯水车薪”也只出现了喻体,名词“杯”和“车”活用为量词,指用一杯水去救一车着了火的柴草,比喻无济于事。

小偏正大并列式的四字格的语义,从第一层级并列层次来看,无论是非比喻型还是比喻型,其并列的两个名词有着密切的联系。N_1和N_2的语义或是相关的关系,如“红男”与“绿女”,“钢筋”与“铁骨”,“文山”与“会海”等;或是相同、相近的关系,如“鬼头”与“鬼脑”,“狐朋”与“狗友”等。两个在语义上具有相同、相似或相关的名词组合成一个四字格,以整体表示对相同、相反或相关概念的强调或对比的意义。

从第二层级偏正层次来看,四字格中所包含的比喻,是人们的一种认知方式，也是一种修饰手段，是用跟甲事物有相似点的乙事物来描写或说明甲事物。依据表达方式的不同，比喻可分为明喻、暗喻、借喻等。明喻指本体、喻词和喻体（如"像""如""仿佛"）同时出现。明喻虽然在生活中常常使用，但是在四字格中并不多见，如"面如土色""巧舌如簧""大智若愚""呆若木鸡"等，这是由于四字格受到有限的词形长度的限制，在"名＋名"式四字格中不太可能出现明喻。暗喻，即本体、喻体同时出现，但并不出现"像"一类的喻词，或用"是""成"等系词代替喻词。暗喻中以系词代替喻词的情况在"名＋名"式四字格中出现得不太多，如"听风是雨"；不出现喻词的情况在"名＋名"式四字格中数量众多，如"风刀霜剑""狐朋狗友""铜筋铁骨"等。

据统计，在《现代汉语大词典》第6版中，并列式"名＋名"式四字格共有122个，其中完全并列式有30个，大并列小偏正式92个；大并列小偏正中的非比喻型式46个，比喻型有46个，而属于暗喻类型的四字格则有45个，剩下的一例"鞍前马后"为借喻。借喻是指仅出现喻体，本体和喻词都不出现，直接用喻体来指代本体。"名＋名"式四字格中用借喻的情况也出现得比较少，这既有四字格结构上的原因，构成四字格的两个或者四个名词各有分工，通常分别表示喻体和本体；又有语义上的原因，包含喻体和本体的四字格有着更为完整和清晰的语义，有利于人们对四字格整体语义的理解。

只出现喻体而不出现本体的四字格，比那些喻体和本体都出现的四字格，在语义上更加晦涩，容易造成人们对该四字格的错误或者片面的理解，且过于晦涩的语义，使得在人们理解该词时，需要较多的相关背景知识，一定程度上影响了四字格的传播范围和使用频度，从而对四字格固化产生消极的影响。

由此可知，以构成成分的各个名词本义为整体语义的四字格，其语义透明度较高，通过四字格的字面义就能较为完整地推导出四字格的整体语义。以构成四字格的各个名词的比喻义为整体语义

的四字格，其语义透明度低，常常需要对构成四字格的名词比喻义进行正确地理解后，才能得出四字格的整体语义。比喻型四字格相对于非比喻型四字格而言，语义透明度较低，词形结构更为稳定。因为四字格一般会以较为固定的名词来表示某种比喻义，随意替换表示比喻义的名词的可能性较低，比喻型四字格的词形固化程度较高。非比喻型四字格固定短语“天南海北”，则能部分地替换其中的名词成分，与“天南海北”语义相似的四字格有“天南水北”“山南海北”等，而比喻型四字格固定短语“狐朋狗友”“风刀霜剑”等则较难产生对等替换形式的四字格。

这类小偏正大并列式四字格，从四字格的整体语义信息量来看，四字格的整体语义约小于其构成部分的语义之和。因为构成四字格的各个部分在语义上有重复之处，即组成四字格的是语义相同或者相近的名词，因而四字格中存在一部分冗余语义，从而导致四字格的结构不稳定，某些四字格的部分成分还会脱落，独立作为双音节词使用。如：

冰天雪地　三更半夜　孤家寡人　狐朋狗友　民脂民膏
街头巷尾　山盟海誓　天涯海角　妖魔鬼怪　珠光宝气

“天涯海角”在实际语用中常常作为双音节词独立使用，表示和四字格“天涯海角”相同的“很远的地方”这一语义。某些四字格中的单音节名词也能独立出来，或单独使用，或两两组合为双音节词使用，如“妖魔鬼怪”既有“妖”“魔”“鬼”和“怪”可独用的单音节词形式，又有由“妖”和“魔”组合而成的“妖魔”，“鬼”和“怪”组合而成的“鬼怪”这些双音节词形式，其独立使用的单音节词或双音节词的语义与四字格“妖魔鬼怪”的语义大致相当。与没有包含重复语义的四字格相比，这类构成部分中包含重复语义的四字格，其整体信息量较少，不但不能完全满足语言中以较少音节表达较多内容的语言经济性原则，而且这类四字格也常被拆作语义相近的双音节形式来使用，其四字格词形结构的稳定性也相对较差。因此，越符合语言经济性原则的词语，其语义的理据性就越强，也就越容易获得词形和语义上的固化。

语义透明度特征中的第三类情况，是构成四字格的名词和名词通过隐喻认知而进行的超常搭配，其语义透明度较低，词形结构也较为稳定，一般能够逐渐完成四字格的固化。

比喻型偏正式四字格是这类四字格的典型代表，四字格中的 N_1 对中心语 N_2 有修饰作用，四字格的整体语义是 N_1 和 N_2 通过超常搭配而体现出的包含比喻义的丰富语义。如：

黑色收入　黄金时段　胡子工程　关税壁垒　狗头军师
狗皮膏药　龙马精神　铁石心肠　鸵鸟政策　文化沙漠

这类偏正式四字格的中心语都处于 N_2 的位置上，N_1 修饰 N_2。从字面上看 N_1 和 N_2 的搭配不太符合普通逻辑规律。因为在一般情况下，以 N_1 和 N_2 最常用的本义来看，两者相结合的语义理据并不充分。它们的组合关系是通过认知隐喻提取 N_1 语义中的某些特征，然后与 N_2 产生有理据的系连，从而以这种超常搭配，激发 N_1 中的某部分语义，使 N_1 作为喻源和 N_2 组合成为具有比喻义的四字格。

在上述四字格中，“鸵鸟”“胡子”“沙漠”“壁垒”都是喻源，它们与 N_2 搭配组合，使得四字格整体表达以隐喻认知方式所获得的比喻义。“鸵鸟政策”借用了“鸵鸟被追急时，把头钻进沙子里，自以为平安无事”的特征，表示“不敢正视现实的政策”。“关税壁垒”指为限制外国某些商品输入而采取的对其征收高额关税的措施，中心语“壁垒”提取了本义“对立的事物和界限”中的某些特征，比喻保护国内生产、国内市场和放开商品进口的矛盾。

四字格中的超常搭配，极大地扩展了四字格聚合关系的范畴，通过名词与名词的组合，充分发掘和调动了名词的各项语义特征。其耳目一新的搭配，不但使四字格在语义表达上扩展了空间，而且容易给人留下深刻的印象，在一种程度上扩大了四字格的认知度。如：

(97)看来对于身形暴胀一事,欣宜选择采取鸵鸟政策,逃避当无事。

(《娱乐乐翻天》,《网易新闻》2006年1月6日)

(98)在农业投入资金的使用中,地方政府的一个最大的抱怨是中央政府的某些投入常常要地方落实配套资金,而地方政府则常常用假配套的办法来套取国家资金,结果导致“胡子工程”的出现,造成资金的浪费。

(党国英:《强化农业基础的长效机制》,
《中国青年报》2008年2月17日)

(99)黄沾身处被认为“文化沙漠”的香港,一直以蔑视“世俗观点”的姿态吊诡地去迎合市场,用反抗“正统文化”的表演去证明香港才是个有真文化的好文化的地方。

(梁文道:《越来越热闹的香港,越来越寂寞的黄沾》,
《南方周末》2005年1月26日)

(100)但后来阿根廷富而生骄,原创了庇隆主义,在“社会公平”“帮到穷人”的大纛下,大搞政治与经济民族主义及民粹主义,国有化、强化工会特权、大派福利和高筑关税壁垒等。

(陈斌:《别老想着从民众口袋里掏钱》,
《南方周末》2013年10月10日)

这类以隐喻认知为基础,通过超常搭配构成的四字格,其整体语义不能从其构成名词的语义上直接相加得出,而需要经过较复杂的推导和转换,找到 N_1 中能够和 N_2 搭配起来的理据,才能正确理解四字格整体语义。“黑色收入”“黄金时段”“文化沙漠”等这类由隐喻认知而实现超常搭配的四字格,在具有特殊比喻义的同时,其名词的超常搭配形式也受到了制约,使得该四字格的词形结构更加稳固。这类四字格的语义透明度低,语义信息量丰富,词形结构稳定,四字格内部的名词不能随意进行替换。因此,这类四字格从结构和

语义上都保证了稳定性，具有实现固化的有利因素。

隐喻的存在基础是不同概念在某个范畴中的相似性，其主要表现形式是词语的跨域搭配，即通常所言的超常搭配。词语在生成组合关系时，放弃了原有的合乎理据和规范的常规搭配，替换以异质而同值的超常成分，人们依靠认知经验，从词语的组合和聚合关系中选择考察，将源域的认知图投射到目标域上，完成从经验的源域到新的目标域的认知。源域中词语的意义或部分意义转移到目标域的词语上，并通过与其他词语的搭配，使表面上看似不合理的组合关系表达出既符合情理又效果独特的意义。

一些抽象的事物和概念，借隐喻认知，以具体生动的事物指代抽象的概念，表达形式新颖，传播效果极佳。下面以表示抽象时间概念的四字格为例进行分析。

“名＋名”式四字格中有关时间的词语有“沧海桑田”“风烛残年”“猴年马月”等。“沧海桑田”一词体现了名词动词化，因时间流逝带来了从沧海到桑田的变迁，以名词“沧海”和“桑田”搭配而成的四字格隐喻时间。“风烛残年”中随时可能被风吹灭的蜡烛与残余的悲凉岁月有着共性，以本体“风烛”和喻体“残年”搭配成四字格，指称人到了接近死亡的晚年。“猴年马月”以生肖猴年和马月指代十二年和十二个月的轮回更替，以此指称未来的岁月。

不但包含名词的四字格能通过隐喻指代时间这一抽象概念，包含动词的四字格也有相似的表现方法。如“火烧眉毛”“下车伊始”“白驹过隙”“物换星移”等。因为人们对时间的感觉，是通过各种外在可视或可感的变化来感受的。我们既可用名词性短语来描述状态的变化，也可以用动词性短语来表现动作的进行，以状态和动作的变化和进行来刺激人们对抽象时间的感知。隐喻认知思维打破了既定的语义范畴，以事物间相关的同性特征为纽带，建立新的范畴体系和范畴间的关联，使有些看似不属于同一个范畴的概念因相似的核心特征而关联起来，实现了从源域到目标域的映射，最终让

抽象、艰深而难以理解的概念变得具体、生动而易于接受。

隐喻认知使得概念的表达充满多种可能性，但隐喻认知的使用，也会使得四字格的语义透明度降低，一定难度的语义透明度增加了语义信息量，稳固了词形结构，从而有利于四字格固化；但如果语义透明度过低，四字格的语义过于晦涩难懂，则会给四字格固化带来消极的影响。因此，对隐喻使用的前提条件，即源域和目标域中相似性特征的把控就至关重要。两者的相似性过低，隐喻认知的实现太过牵强或晦涩，难以使人们迅速建立两个相关语义域的正确关联，造成语义透明度过低，影响表达效果，不利于四字格的固化；两者的相似性过高，四字格的表达太过肤浅或直白，虽然保持了一定的语义透明度，人们对词语认知没有障碍，却难以完全凸显出隐喻所包含的匠心独具的构想。

但是，包含在词语中的隐喻认知是不断积累和变化的。一代人的隐喻是后一代人的常规表达。现在“针眼”“河口”“山脚”等词都成为生活中的普通词，但这些词在使用之初都是隐喻色彩明显的非常规词。随着使用时间的推移和适用范围的扩大，其隐喻特征渐渐淡化，成为死喻(Dead metaphors)，完成了词汇化的过程。包含隐喻的新四字格约定俗成为四字格固定短语的过程亦然。包含隐喻认知的新词在最初使用时，在语义上显得缺乏理据性，语义透明度也较低，给人们带来一定的认知压力，但经过长时间约定俗成的使用，其理据性逐渐被接受，语义透明度也随之得到相应的提升，成为一个在语义透明度的难度和词形结构稳定度两方面都能取得平衡的四字格，并逐渐完成固化。

总之，语义透明度是四字格固定短语的重要特征，它在不同的四字格中体现出多种形式。因此，语义透明度特征也是四字格临时短语固化的重要特征之一。

语义透明度也是语言的经济原则在词汇上的反映。经济性是语言的最基本的原则之一，它体现在语言的方方面面，语义透明度较低的四字格是经济性原则在语义上的体现，即用最精简的语言形式表达最丰富的信息，还表现有同音词、多义词、缩略语、旧词新意等。在语音演变上，经济性原则表现为音位的归纳、省音、语流音变的同化等的；在语法上，其表现为句法结构的整合、词语的超常搭配等；在语用上，其体现为句子成分省略、紧缩句等。对经济性原则的满足程度越高，四字格的语义理据性就越高，也越有利于其固化。

通过前面的分析，我们可以看到语义透明度分有不同的等级，透明度较高的四字格，其整体语义基本是部分语义的简单相加，这类四字格的数量较少；透明度较低的四字格，因为隐喻认知或比喻表达等，其整体语义常常不能从构成其的各个名词的语义上直接推导出来，这类词符合语言以精简形式表达丰富内容的经济性原则，因而数量较多。那些以相同或相近的词语构成的四字格，因语义上包含着重复冗余的信息，而使得其整体结构较其他四字格略显松散，其构成成分常脱落或被独立使用，并表达与四字格整体相当的语义。这类四字格的语义透明度较高，语义信息量较低，词形结构较不稳固，不利于四字格的固化。

(六)使用频率特征

使用频率特征不但是四字格重要的固化特征之一，也是其他词语从临时格式到固定格式的重要特征。使用频率的提高，既会促使四字格使用范围的扩大，也会提高人们的认知度和接受度，进而使得四字格完成在词形和语义上的固化。

关于使用频数特征的具体数据则无法做出明确的量的要求。这既囿于四字格固定短语的静态研究，不能展开使用频率统计，也因为词汇是语言中发展变化最快的要素，受到巨大词汇量的限制，无法统计出关于使用频率的绝对标准，即在多大范围内超过多少使用频率的词语就能认定为完成固化。但是，包括四字格在内的词语，其使用频率越高，越易完成固化，这一标准是完全成立的。

四字格临时短语固化的使用频率特征，在前一章语料库四字格的动态研究中已得到了证明。如“社情民意”在语料库（2000 年以前）中未出现一次，在语料库（2000～2009 年）中出现 3 次，在语料库（2010～2013 年）中出现 6 次，词形和语义的逐渐稳固使其发展成为四字格固定短语。又如，“灰色收入”出现较早且使用频度较高，较之其他“颜色词＋收入”四字格具有更加稳固的词形和语义，也更易完成四字格固化过程。

二、影响“名＋名”式四字格固化过程的因素

（一）“名＋名”式四字格固化过程的内部因素

“名＋名”式四字格主要包括并列式和偏正式，虽然两者在固化过程中会呈现出一些不同的特点，但两者的生成和发展的过程，仍是共性大于个性。“名＋名”式四字格从生成到固化的主要过程包括以下两个方面：

一是触发生成。四字格的触发生成主要包括语言材料的选择和产生的语境。“名＋名”式四字格的语言材料十分丰富，汉语词库中有大量的名词，依靠人类普遍的认知规律，如隐喻和图式，名词和名词经过组合搭配后生成新的四字格，其四字格整体语义一般也在其构成成分语义的基础上得到极大的拓展，增加了很多附加义，从而获得较为稳定的词形和较为充分的语义理据。随时代发展而产生的新事物、新思想和新事件等，经由各类传播媒介生成新的四字格临时短语，其中具有极强互动性的网络媒体在四字格的生成和固化过程中发挥着越来越重要的作用。

二是固化稳定。除了数量有限的作为专有名词的四字格，从其产生之初就以稳定的语义和固定的词形而成为固定短语以外，大部

分"名＋名"式四字格都经历了从临时短语到准固定短语，最终成为固定短语的过程。同时，也有很多"名＋名"式四字格临时短语由于所具有的固化特征过少，或对相关固化条件参数的满足度过低而无法完成固化。虽然四字格临时短语、准固定短语和固定短语之间没有清晰分明的界限，但是结合四字格临时短语固化特征及条件参数的研究，我们可以归纳出处于不同固化阶段的四字格的特点。如四字格临时短语的特点是生成时间较短、词形稳定性较差、构词理据性较弱、使用频率较低。四字格固定短语的特点是词形结构十分稳定、语义相当稳定、使用频率较高，有的还具有一定的生成能力。从四字格临时短语发展到四字格固定短语，这一过程是渐变的，其中包含准固定短语阶段，其特点介于临时短语和固定短语的特点之间。

"名＋名"式四字格临时短语的固化过程，主要受以下几种因素的影响：一是合理性，即构成四字格的名词组合的语义理据充足；二是使用度，即四字格在当代社会各类媒体上有一定的覆盖度和流通度。三是认知度，即四字格不仅能为大众所了解，也能为大众所接收，约定俗成为词形和语义固定的词语。四是权威度，即四字格取得了具有权威性的认同，表现形式有多种，可能是产生于网络媒体的四字格被传统媒体所使用，也可能是出现在了正式规范的书面语文体中，还可能是被收入相关词典中等。五是符合语言经济性的需要，以有限的词长表达最丰富的语义。"名＋名"式四字格的整体语义与其组成部分的两个名词的语义密切相关，但绝不仅仅是两个名词词义的简单相加。四字格的格式激发了相搭配的名词的语义，而信息量大且概念稳定的语义又反过来促进了四字格词形的固化，两两相互作用，完成了对大量"名＋名"式四字格临时短语的区分和淘汰，保证了汉语词汇的创新的同时，又确保了新生四字格的理据性，使得语言社团内的言语交际持续地具有连贯性、稳定性和规范性。

(二)传播媒介对"名＋名"式四字格固化的影响

在当代社会中,四字格临时短语的产生和固化所呈现出的特点与时代性因素密切相关,主要体现为四字格在当代生成和传播的方式,而其对固化的影响不容忽视。

由于网络媒体的飞速发展,网络传播方式极大地影响了新四字格的生成及固化过程,使得它呈现出与其在传统媒体(纸媒、广播和电视)时代的不同特点。各类媒体不仅是语言的传播渠道,同时也参与到了词语的创造活动中,特别是互联网和移动网络(手机网络)的高速发展,对当代新词语的产生和演变的影响尤大。相对于纸媒、广播和电视这三大传统的传播媒介,新兴的互联网具有交互性,而以手机为代表的移动网络在互联网的基础上,又进一步增强了移动性的优势。通过网络,使用者可以最大限度地参与到信息传播的过程之中,每一个用户都拥有话语权,不仅能平等自由地发声,而且不受时间和地域的限制,及时地接收和发出信息。发声者众多,发声平台广大,发声渠道通畅,发声效率高效,使得新词语无论在生成速度,还是传播速度上都得到了飞跃和提升。一个新词出现后,能够在短短数秒的时间内得到数百万频次的转发,也及时得到数以百万或者更多人的反馈。与网络高效传播相应的是新词语产生数量的爆发式增长。

海量的新词语不可能都稳固地存在于语言的词汇系统中,只有那些经得起时间考验且为大众所普遍接受的词语才能沉淀下来,成为稳定的词语。四字格的生成和固化也是如此,它们不仅表达着新事物和新思想,还反映着新事件。因而,大量的四字格临时短语及其他形式的新词在网络媒体中被创造和使用,成为出现范围广且频率高的流行语,这是新词在当代产生和固化的路径之一。如双音节新词“给力”,意为“有帮助,有作用,和预想的一样”,虽然人们对其来源有多种意见,得到最多认同的解释是“给力”出自动漫《西游记——旅程的终点》中:"悟空失望地抱怨:'这就是天竺吗,不给力,老湿。'"当"给力"一词火爆网络后,又恰逢2010年南非世界杯足球赛的举行,"给力"因能淋漓尽致地表达出球迷们的强烈情绪,又大量出现于各类媒体,在使用度和认知度上有了极大的提高。"给力"从网络媒体走进了传统媒体,并出现在了权威严肃的综合性日报《人民日报》上。2010年11月10日《人民日报》头版头条刊登了题为《江苏给力"文化强省"》的文章。《人民日报》对"给力"的使用,是对始流行于网络的新词"给力"的肯定,也是"给力"一词固化的标志之一。

"搜狗每日新词"也是网络推动新词产生的一个例证。"搜狗每日新词"是搜狐公司根据当天的新闻热点和用户检索记录,每天推出的5个关注度最高的网络新词。搜狗新词的提取依靠于强大的搜狗拼音输入法程序所搜集到相关数据。搜狗拼音输入法是中国现今主流的汉字拼音输入法之一,是基于搜索引擎技术的输入法产品。它通过分析用户每天使用搜狗拼音输入或者检索信息所得到的大数据库信息,对每日流行语进行及时更新,最终确定"搜狗新词"。根据我们所追踪记录的"搜狗每日新词"(2012年6月2日~2013年12月30日),一共得到新词2475个(前后两天的"搜狗每日新词"偶尔会有重复,重复的新词在数量上不作重复计算)。据统计,其中四字格临时短语有965个,占总数的39%。新词多以描述热点事件为主,因此,搜狗每日新词所表示的内容非常丰富,为适应表达的需要,其词长以多音节为主,或描述新闻人物,如"男闺蜜""雾霾模特""中国好基友";或描绘新闻事件,如"双台风""总书记套餐""中国式过马路"。这种基于网络搜索频度而跻身热词的"搜狗新词",有的并不是严格意义上的"词",而是短语甚至小句,如"我有医保""最文艺吃货""普京讲英语"。很多搜狗新词随着其所表示的新闻事件热度的降低而被迅速淡忘,并没能由一个新词发展成为稳

定的词语，大部分新词在短暂出现后就逐渐被人们淡忘；只有小部分新词，才能在持续高频地使用中获得大众的认同，最终成为固定词语。

在这些经过语言自然筛选而保留下来的作为词形和语义都较稳定的流行语中，四字格也占有一定的比例。下面以有关权威部门发布的2013年度的各类热词为例进行分析。

“2013年度十大流行语”中的四字格有2个：

三中全会　全面深化改革　斯诺登　中国梦　自贸区

防空识别区　曼德拉　土豪　雾霾　嫦娥三号

“2013年度十大新词语”中的四字格有4个：

中央八项规定　棱镜门　H7N9禽流感　土豪

自贸试验区　单独二胎　中国大妈　光盘行动

女汉子　十面霾伏

“2013年度十大网络用语”中的四字格有2个：

中国大妈　高端大气上档次　爸爸去哪儿

小伙伴们都惊呆　待我长发及腰　喜大普奔

女汉子　土豪(金)　摊上大事了　涨姿势

无论是“十大流行语”还是“十大新词”，其词语的语义都是以新闻事件为主要内容。“十大网络用语”与“十大新词”有部分重合的词语，这是由于很多新词语都来自于网络，而网络也是新词流通度极高的媒体。略有不同的是，与“十大新词”相比，“十大网络用语”对词长的限制十分宽松，因此其以“用语”一词概括了收录的词、短语甚至小句。而著名语文刊物《咬文嚼字》所发布的“2013年十大流行语”是：

中国梦　光盘　倒逼　逆袭　女汉子　土豪

点赞　微××　大V　奇葩

《咬文嚼字》所选择的都是严格意义上的词，且以双音词为主，同时也包括待嵌结构,如"微××",泛指流行的"微信""微博"和"微电影"等词。"十大流行语"中还包括从词形上看并非新词,但在本年度中以旧词形来表新意,如"奇葩"一词,它原指珍奇而美丽的花朵,常用来比喻不同寻常的优秀文艺作品,为褒义词。但它所表示的新语义却是比喻某人某事或某物十分离奇古怪,世上少有,常人不可理解,含有讽刺或调侃的意味。

三、小　结

通过以上分析,我们主要得出以下两方面的结论:第一,通过对"名+名"式四字格固定短语的分类和详尽的静态分析,充分验证了前一章动态分析而得出的四字格临时短语的固化特征。第二,除了语言本身的因素以外,当代传播媒介,特别是网络媒介对四字格固化的影响力越来越大。

以下将对通过本研究的考察所提取和验证的四字格固化特征进行总结归纳。"名+名"式四字格临时短语的固化特征包括基本固化特征、参考固化特征和典型固化特征,并根据其特征而提取出相关的固化条件参数。具体如下:

首先,基本固化特征。它不仅适用于"名+名"式四字格,而且适用于所有四字格,是四字格成词的基本特征。包括:(1)句法功能特征,即四字格能充当句子成分,如主语、宾语、定语;(2)语义理据特征,即四字格有充分的语文理据和文化理据。

其次,参考固化特征。它是判断四字格是否完成固化的参考性因素,但并不是主要的判断标准。例如词语属性特征,即四字格的性质是词还是短语。作为词的四字格在词形和语义上比作为短语的四字格更为稳定。因为"名+名"式四字格主要是短语形式,所以

这一特征主要适用于其他形式的四字格。

最后，四字格临时短语固化特征中的典型特征。这是四字格最重要的固化特征，主要包括词形结构特征、语义理据特征和使用频率特征。四字格所具有的典型固化特征越多越显著，就越容易完成四字格的固化，进而发展成为四字格固定短语。

在四字格临时短语的固化特征中，绝大部分都是四字格固化的积极特征，即有利于四字格的固化。但是也有消极特征，如语义理据特征中的“四字格有相对应的双音节词缩略形式”，即当四字格具有相对应的双音节缩略形式时，该四字格在词形结构上不够稳定，也不利于其固化。

由于词形结构特征、语义理据特征和使用频率特征是四字格固化最典型的、涵盖内容最丰富的固化特征，因此这三项固化特征可以作为衡量“名＋名”式四字格临时短语是否完成固化的最典型的条件参数。如表 4-2 所示：

表 4-2　“名＋名”式四字格临时短语固化条件参数

条件参数	具体表现形式
词形结构条件参数	构成四字格的 N_1 和 N_2 组合稳定，不能随意被替换或调整词序
	四字格内部不能插入其他成分，也不能随意拆分
语义理据条件参数	四字格是专有名词
	四字格有相对应的双音节词缩略形式
	四字格中包含缩略成分
	四字格的语义包含具有核心语义特征的图式联想
	四字格的语义透明度的高低程度
使用频率条件参数	使用频率越高越有利于四字格的固化

第五章　结语与展望

一、主要研究结论

现代汉语语法研究的一个主要趋势是提高词在句法中的地位。乔姆斯基的句法理论强调词库(lexicon)的功能，将原来由句法来处理的许多信息都直接纳入词库中，认为每个词都带着丰富的句法信息进入句法运算。但是从词到成为句子的构成，一般还有短语作为中间环节，通常是先由词构成短语，再由短语构成句子。短语系连着表达概念信息的词，并组成具有完整语义的句子。四字格以及其中的一类“名＋名”式四字格以短语形式为主，且大部分四字格从其产生到固化，都经历了从四字格临时短语到准固定短语再到固定短语的过程，最终以稳定的词形表达固定的语义，词形和语义之间具有完全对应的关系。

本研究对“名＋名”式四字格进行的动态研究，结合语料库分析了四字格临时短语的特点，析出固化特征及条件参数，并结合“名＋名”式四字格的静态研究，将固化特征及条件参数逐条进行验证。从四字格临时短语的固化过程研究中主要得出了以下两个方面的

结论：

第一，名词和名词的组合是现代汉语中极具表现力的组合类型，不仅数量众多，而且表现形式丰富。这既是由于名词本身所具有的丰富表现力，也是由于四字格的结构形式本身对构成其成分的名词语义的有效刺激，极大增强了四字格的语义表现力，而使得“名＋名”组合具有很强的理据性和生命力。

“名＋名”式四字格是符合人们思维认知规律的短语形式。首先，名词既是语言中最基础的一类词，也是人们大脑词库中最基础的一类词。Aitchinson 通过心理学实验证明，名词是大脑词库中最稳固和独立的词类，当人们对其他词类的词丧失忆能力时，他们还能记忆起一些名词。一位失语症患者被要求描述一间厨房的情景时，他所运用的多是由名词组成的电报式话语，而缺乏动词。对大脑词语的语义结构从语义联系的类型角度进行的分析证明，“名＋名”式四字格正是语言中最基本的组合形式，不仅具有庞大的数量，而且具有稳固的思维理据。Aitchison 的实验还证明，处于同一语义场中的词似乎是储存在一起的。而且，语义联系最为强烈的是并列结构，包括属于同类的词和具有反义或相对关系的词：前者如 salt 和 pepper，或者 red、blue、black 等；后者如 right 和 left、hot 和 cold 等，以及搭配关系，如 salt water、butterfly net 等。[①] 在大脑词库中语义联系最为紧密的两类结构：一是包含同类、相反或相近意义的并列结构；二是具有搭配关系，常常表现为偏正结构。并列结构和偏正结构正是构成“名＋名”式四字格的两种结构，这证明“名＋名”式四字格在构词上具有充分的理据，因为它们的构词形式符合人们思维认知的基本规律。词语联想试验发现，最普遍的反应是来自同一词类的词语，名词引发名词的状况达到 80%，动词和形容词中的

---

① Aitchison J. Words in the Mind: An Introduction to the Mental lexicon, Oxford: Blackwel, 1994.

状况大概为50%。这表明名词和名词间的联系，特别是同一词类中的名词和名词间的联系最为密切。体现在“名＋名”式四字格中，同一词类中的名名联想即多反映为并列式“名＋名”式四字格，不同词类中的名名联想多表现为偏正式“名＋名”式四字格。

名词是表示事物的一类词，但在实际语用中，名词的的功用除指示事物以外，还有类似形容词的指示事物性状，或是类似动词的表示行为动作，甚至固化程度很高的专有名词也有语义泛化的使用情况。有的名词能像形容词一样受到副词修饰，如“更绅士”“很雷锋”；有的名词像动词一样直接带宾语，如“他宝贝着老婆”“别废话了”。在汉语中，已有名形兼类词，如“科学”“机械”“规矩”等，越来越多的名词具有了形容词语义和性质，也有很多名词活用作动词的情况。这是因为名词除了最基础的表示事物概念的语义外，还能通过引申或者比喻得到与该事物性质相关的联想语义，这极大地丰富了名词的表现力，特别是在名词和名词搭配所构成的四字格中，名词和名词的表现力被更多地激发了出来。

第二，通过基于语料库的四字格临时短语动态分析和四字格固定短语的静态分析，析出并验证了“名＋名”式四字格临时短语固化特征及条件参数。四字格具有的固化特征越多越突出，对固化条件参数的满足度越大，就越容易完成四字格固化，进而发展成为四字格固定短语。

四字格固化特征主要包括基本特征、参考特征和典型特征。基本固化特征包括句法功能特征和语义理据特征，即四字格有充分的语文理据和文化理据。这不仅适用于“名＋名”式四字格，而且适用于所有四字格，是四字格成词的基本特征。参考固化特征是判断四字格是否完成固化的参考性因素，并不是主要的判断标准。例如词语属性特征。典型固化特征由于其性质重要性和内容丰富性，可被视为四字格固化的条件参数，即词形属性条件参数、语义理据条件参数和使用频率条件参数。

二、研究展望

虽然本研究对"名＋名"式四字格进行了比较全面的描述，对"名＋名"式临时短语的固化过程进行了考察，并析出和验证了相关的固化特征及条件参数。但限于时间和精力，与研究相关的某些问题还有继续深入研究的价值和可能性。

首先，本研究所得到的固化特征及条件参数是以"名＋名"式四字格为研究对象，这些固化特征及条件参数是否适用于其他形式的四字格，如"动＋名"式或"动＋动"式四字格临时短语的固化情况，还有待于进一步研究。

其次，"名＋名"式四字格固化的特征及条件参数的验证，可以考虑采用做一定规模的大众语感调查问卷。以大众语感对"名＋名"式四字格固定短语的认同度来对比本研究所得出的"名＋名"式四字格临时短语固化特征及条件参数，从而进一步确保研究结论的科学性。

最后，将"名＋名"式四字格从语块理论的角度拓展考察，将有利于汉语教学，特别是对外汉语教学。Wray 定义的"语块理论"为"一个预知的连贯或者不连贯的词或其他意义单位，它整体存取在记忆中，使用时直接提取，无须语法生成和分析"[①]。语块的预制性、整体存储和快速提取的特点，大大提高了语言记忆和使用的效率。语块包括搭配、固定或半固定的短语，汉语的固定短语可视为语块结构的一种，四字格固定短语是语块的重要表现形式。本研究对"名＋名"式四字格临时短语的固化研究也是语块研究的一部分，如

---

① Alison Wray, *Formulaic Fanguage and the Lexicon*, Cambridge University Press, 2002.

能进一步发掘作为语块的四字格的预制性和整体储存的特点，将在提高学习者掌握四字格，乃至学习汉语的效率上具有理论意义和指导价值。

语言是对客观世界的描述，也是对逻辑思维的反映。“名＋名”式四字格从生成上来看，作为构词材料的名词数量众多；从表现力上来看，既能在表达概念时体现出灵活性，又包含很多的语义信息量。四字格以固定的词形和概念的完全对应，实现表现形式和表达内容的最大简化和优化，是一种词形简洁且表意高效的词语。它既高质量地满足语言了经济性需要，也符合人们普遍的思维认知方式，具有丰富的面貌和蓬勃的生机。

附　录

附录一：《现代汉语词典》(第 6 版)所收录的“名＋名”式四字格

阿鼻地狱
阿拉伯人
安全玻璃
安全电压
安全剃刀
安全系数
鳌肢动物
八角茴香
巴黎公社
巴山蜀水
霸权主义
白金汉宫
白马王子
白面书生
白色恐怖
白色垃圾
白色收入
白山黑水
白衣苍狗
白衣天使
白衣战士
白云苍狗
白纸黑字
百科全书
半夜三更
孢子植物
宝贝疙瘩
保护关税
保险公司
保险金额
报告文学
杯弓蛇影
杯水车薪
北伐战争
北回归线
北京时间
北京猿人
北洋军阀
贝塔粒子
贝塔射线
背景音乐
被子植物
本本主义
比较价格
比较文学
比例税制
笔墨官司
必然王国
必要产品
必要劳动
边境贸易
边缘科学
扁形动物
变态反应
标点符号
标记元素

标题新闻
标题音乐
标准时区
表面文章
表面张力
表现主义
冰上运动
冰糖葫芦
冰天雪地
玻璃纤维
剥削阶级
伯仲叔季
补偿贸易
财产保险
财政赤字
沧海桑田
草本植物
草台班子
茶余饭后
柴米油盐
产褥感染
产业革命
产业工人
长篇小说
车水马龙
晨钟暮鼓
成本会计
成人教育
城市贫民
城市铁路
程序控制
达斡尔族
代数方程
单身贵族
刀光剑影
刀山火海
灯红酒绿
低等动物
低等植物
低音提琴
地球科学
地下铁道
地心引力
地质年代
帝国主义
电磁感应
电话会议
电流强度
电脑病毒
电视大学
电视电话
电影剧本
电子辞典
电子函件
电子汇款
电子货币
电子商务
电子图书
电子信箱
电子音乐
电子邮件
电子邮箱
电子游戏
垫上运动
丁克家庭
东郭先生
东鳞西爪
冬虫夏草
豆蔻年华
短篇小说
俄罗斯族
鄂伦春族
鄂温克族
鳄鱼眼泪
儿童文学
法国梧桐
法律援助
反面人物
方腊起义
放射疗法
非洲鲫鱼
风刀霜剑
风风火火
风花雪月
风口浪尖
风险资金
风言风语
风云人物
符号逻辑
伽马射线
干部学校
感觉器官
感觉神经
感应电流
高层住宅
高尔夫球
高山反应
个人主义
个体经济
工农联盟
工人阶级
工薪阶层
工业产权
工业革命
工艺流程
工艺美术
工作母机
公子王孙
狗皮膏药
狗头军师
古尔邦节
谷类作物

股份公司	国际纵队	黑色食品	花容月貌
骨牌效应	国家标准	黑色收入	花天酒地
骨头架子	国家裁判	红白喜事	华氏温标
瓜田李下	国家公园	红斑狼疮	华氏温度
寡头政治	国家机关	红男绿女	化学变化
关税壁垒	国家赔偿	红山文化	化学电池
观念形态	国民待遇	红十字会	化学反应
官僚主义	国民经济	红头文件	化学肥料
官僚资本	国民收入	红衣主教	化学分析
冠状动脉	哈雷彗星	猴年马月	化学工业
鳏寡孤独	哈萨克族	后台老板	化学疗法
光风霁月	海角天涯	狐狸尾巴	化学平衡
光学玻璃	海誓山盟	狐朋狗党	化学武器
广播电台	海洋生物	狐朋狗友	化学纤维
广播体操	航空母舰	狐群狗党	化学元素
广东音乐	航天飞机	湖光山色	环节动物
广角镜头	毫米汞柱	虎背熊腰	环境保护
广州起义	和平谈判	虎头虎脑	环境壁垒
鬼风疙瘩	和谐社会	虎头蛇尾	环境标志
鬼头鬼脑	河北梆子	虎穴龙潭	环境激素
国际裁判	河南梆子	户籍警察	环境科学
国际公法	河南坠子	花红柳绿	环境污染
国际公制	河外星系	花花肠子	环境武器
国际惯例	河西走廊	花花公子	环境要素
国际私法	核反应堆	花花绿绿	环形交叉
国际象棋	核糖核酸	花花世界	皇天后土
国际音标	黑色火药	花街柳巷	黄巢起义
国际主义	黑色金属	花前月下	黄道吉日

黄巾起义
黄金时代
黄金时段
黄金时间
黄毛丫头
黄曲霉菌
黄色炸药
灰色市场
灰色收入
灰头土脸
火海刀山
火山地震
火树银花
火眼金睛
机关刊物
机会成本
机会主义
机器翻译
机械效率
机械运动
鸡口牛后
鸡毛蒜皮
鸡皮疙瘩
鸡新城疫
积累基金
基础教育
基础科学
基尼系数

基因工程
基因芯片
激光武器
吉普赛人
集体经济
集体主义
几何图形
脊索动物
脊椎动物
计划经济
计划生育
记忆合金
纪念邮票
技工学校
技巧运动
技术改革
技术革命
技术革新
技术科学
技术学校
技术装备
季风气候
家家户户
家庭暴力
家庭病床
家庭妇女
家庭教师
家庭医生

家庭影院
甲壳动物
甲午战争
甲状软骨
贾宪三角
价值规律
价值形式
键盘乐器
健康寿命
江湖骗子
交换价值
交通工具
交通警察
教条主义
教育改造
阶级斗争
街头巷尾
节肢动物
结构工资
解放战争
金刚石婚
金口玉言
金绿宝石
金融危机
金田起义
金枝玉叶
金字招牌
锦衣玉食

近亲繁殖
经济犯罪
经济杠杆
经济核算
经济基础
经济实体
经济特区
经济体制
经济危机
经济效益
经济制度
经济作物
经史子集
经天纬地
经验主义
经院哲学
精神赔偿
精神损耗
精神文明
静电感应
镜花水月
鸠形鹄面
酒囊饭袋
酒肉朋友
句子成分
具体劳动
蕨类植物
军国主义

军事法庭	狼子野心	绿林起义	民脂民膏
军事管制	浪漫主义	绿色壁垒	民主党派
军事基地	劳动保护	绿色标志	民主改革
军事科学	劳动保险	绿色食品	民主革命
军事体育	劳动对象	绿色通道	民族体育
军事训练	劳动教养	伦琴射线	民族形式
军事演习	劳动模范	罗马数字	民族英雄
君子协定	劳动强度	罗曼蒂克	民族运动
开氏温标	劳动手段	逻辑思维	民族主义
空巢家庭	劳动资料	裸子植物	民族资本
空间技术	梨园弟子	马列主义	名义工资
空间科学	梨园子弟	马路新闻	明日黄花
空间通信	礼仪小姐	买方市场	摩尔质量
空气污染	立体电影	卖方市场	末梢神经
空气质量	立体几何	贸易壁垒	木雕泥塑
空中警察	立体交叉	帽子戏法	木刻水印
空中楼阁	立体战争	蒙古人种	暮鼓晨钟
空中小姐	良渚文化	孟什维克	内存储器
口口声声	粮食作物	民间文学	内外交困
块儿八毛	列宁主义	民间艺术	纳米材料
矿物纤维	淋巴细胞	民权主义	纳米技术
垃圾邮件	龙马精神	民生主义	纳米科学
拉丁字母	龙山文化	民事案件	奶油小生
蓝青官话	龙潭虎穴	民事法庭	男男女女
蓝色农业	鲁鱼亥豕	民事权利	南昌起义
蓝田猿人	录音电话	民事诉讼	南回归线
郎才女貌	驴年马月	民事责任	南腔北调
狼心狗肺	旅游农业	民意测验	南辕北辙

脑力劳动
泥塑木雕
牛鬼蛇神
牛郎织女
牛头马面
农家肥料
农贸市场
农民起义
农民战争
农业工人
奴隶社会
帕金森病
盘尼西林
旁门左道
旁系亲属
抛物面镜
炮舰外交
孢子植物
泡沫经济
泡沫塑料
皮包公司
皮下组织
票房价值
拼音文字
拼音字母
平地风波
平地楼台
平衡感觉
平面几何
平面交叉
平头百姓
婆罗门教
婆婆妈妈
妻儿老小
企业法人
启蒙运动
器械体操
前因后果
枪林弹雨
腔肠动物
秦楼楚馆
青红皂白
青梅竹马
青天白日
晴天霹雳
青铜时代
轻轨铁路
清水衙门
球茎甘蓝
全权代表
全息照相
权利能力
拳头产品
群众关系
群众路线
群众运动
群众组织
燃气轮机
热带雨林
人工呼吸
人工流产
人工智能
人海战术
人机界面
人民法院
人民公社
人民警察
人民团体
人民武装
人民战争
人民政府
人山人海
人身保险
人身事故
人身自由
人寿保险
人文精神
仁人君子
仁人志士
日耳曼人
荣誉军人
蠕形动物
萨克斯管
桑田沧海
森林警察
沙滩排球
沙文主义
傻瓜相机
山顶洞人
山东梆子
山东快书
山盟海誓
山南海北
山西梆子
山珍海味
陕西梆子
商品经济
商品生产
商业银行
上层建筑
上党梆子
上呼吸道
上皮组织
少数民族
舌面后音
舌面前音
舌下神经
舌咽神经
社会保险
社会福利
社会工作
社会关系

社会活动	生命科学	世界市场	思想体系
社会教育	生生世世	世界银行	斯拉夫人
社会科学	生态标志	市场调节	四维空间
社会青年	生态工程	市场机制	宋江起义
社会效益	生态环境	事务主义	苏州码子
社会形态	生态建筑	视频电话	素质教育
社会意识	生态科学	视频光盘	速度滑冰
社会制度	生态旅游	试管婴儿	娑罗双树
社会主义	生态农业	手指头肚儿	塔吉克族
摄氏温标	生态平衡	手指字母	塔塔尔族
摄氏温度	生态系统	枢机主教	苔藓植物
绅士协定	生物安全	鼠肚鸡肠	太平天国
神工鬼斧	生物工程	鼠目寸光	太阳大气
神经末梢	生物技术	数理逻辑	太阳电池
神经系统	生物污染	数字电话	太阳风暴
神经细胞	生物武器	数字电视	太阳黑子
神职人员	生物芯片	数字控制	太阳活动
生产方式	生物战剂	数字通信	泰山北斗
生产工具	胜利果实	数字相机	坛坛罐罐
生产关系	圣诞老人	数字信号	糖衣炮弹
生产基金	师范学校	水利工程	藤本植物
生产能力	诗情画意	水利枢纽	体力劳动
生产手段	十月革命	水陆坦克	体外循环
生产要素	十字街头	水上居民	体育舞蹈
生产资料	十字路口	水上运动	体育运动
生活资料	石榴子石	水体污染	天南地北
生理盐水	石器时代	水上芭蕾	天南海北
生命保险	使用价值	水性杨花	天文单位

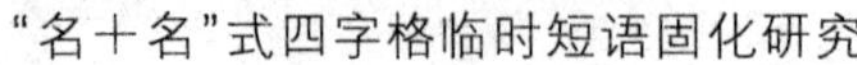

天文数字
天涯海角
田径运动
田野工作
条件反射
条条框框
跳台滑雪
跳蚤市场
铁器时代
铁石心肠
通信卫星
铜筋铁骨
铜器时代
铜墙铁壁
童颜鹤发
统一战线
统治阶级
头头脑脑
投资银行
图画文字
图文电视
土地改革
土木工程
土壤污染
团队精神
鸵鸟政策
外层空间
外存储器
外交辞令
外交特权
外生殖器
外圆内方
万里长城
王母娘娘
网络电话
网络教育
网络经济
网络警察
网络文学
网络学校
网络银行
网络游戏
网络语言
网上银行
维吾尔族
尾巴工程
卫生设备
卫星电视
卫星通信
温室效应
文化沙漠
文山会海
文学革命
文学语言
文艺批评
文艺语言
屋顶花园
武昌起义
武侠小说
武装部队
武装警察
武装力量
舞台美术
物价指数
物理变化
物理疗法
物理性质
物理诊断
物质损耗
物质文明
西安事变
希腊字母
希望工程
稀土元素
系统工程
细菌武器
细菌战剂
虾兵蟹将
纤维植物
现代主义
现实主义
线形动物
乡规民约
乡镇企业
象征主义
橡皮图章
消费基金
消费信贷
消费资料
消化系统
硝酸甘油
销声匿迹
效益工资
楔形文字
心脏死亡
辛亥革命
新闻公报
信任投票
信息产业
信息科学
信息时代
星星点点
刑事案件
刑事法庭
刑事犯罪
刑事警察
刑事判决
刑事诉讼
刑事责任
刑事侦查
行为能力
行为艺术

行政处罚
行政处分
行政公署
行政诉讼
形式逻辑
形式主义
形象大使
形象思维
形形色色
休眠火山
血红蛋白
循环经济
循环论证
循环系统
鸦片战争
眼皮底下
宴安鸩毒
羊肚儿手巾
阳春白雪
阳关大道
阳伞效应
杨辉三角
仰韶文化
妖魔鬼怪
尧天舜日
业余大学
业余教育
伊斯兰教

衣冠禽兽
遗传工程
义务教育
艺术思维
艺术体操
意识形态
阴丹士林
阴极射线
阴山背后
音节文字
音素文字
银团贷款
隐身技术
隐形飞机
隐形技术
隐形眼镜
印第安人
应用科学
应用卫星
鹰鼻鹞眼
影子内阁
用户界面
优惠待遇
邮政编码
油料作物
油头粉面
游戏规则
幼儿教育

盂兰盆会
鱼鼓道情
宇航技术
宇宙飞船
宇宙火箭
宇宙空间
宇宙射线
宇宙速度
雨后春笋
玉皇大帝
预算赤字
元谋猿人
元素符号
原子武器
原子序数
圆颅方趾
圆凿方枘
圆桌会议
源源本本
月下老人
运动负荷
运动健将
运动神经
韵律体操
早期白话
藻类植物
造型艺术
噪声污染

责任编辑
责任事故
战略导弹
战略物资
战术导弹
张三李四
獐头鼠目
掌上电脑
掌上明珠
针头线脑
侦探小说
政府采购
政权机关
政治面目
政治权利
政治委员
政治文明
政治制度
支柱产业
知识产权
知识产业
知识分子
知识经济
知识青年
职务发明
职务犯罪
职务作品
职业道德

职业高中	中央银行	资产阶级	自由竞争
职业教育	终端设备	字里行间	自由市场
植物保护	种族歧视	自然对数	自由体操
植物群落	种族主义	自然法则	自由王国
咫尺天涯	珠光宝气	自然规律	自由职业
智力产业	蛛丝马迹	自然经济	自由主义
智能材料	专科学校	自然科学	宗派主义
智能犯罪	专员公署	自然选择	组织生活
中华民族	壮族土戏	自然灾害	祖祖辈辈
中篇小说	桌椅板凳	自然主义	坐骨神经
中枢神经	资本主义	自由价格	彩色电视
中心思想			

附录二:"名+名"式四字格临时短语固化例样表

说明:

1. 以下样例均为未收入《现代汉语词典》(第6版)中的四字格,依据本研究所提取的四字格固化特征以及条件参数,分析其完成固化的程度。

2. 标记"+"为"符合该特征或条件参数",标记"-"为"不符合",标记"+/-"为"不完全符合"。标记"√"为属于该类四字格。

3. 表格内的"词形结构条件参数"包括:(1)构成四字格的 N_1 和 N_2 组合稳定,不能随意被替换或调整词序;(2)四字格内部不能插入其他成分,也不能随意拆分。"词语属性条件参数"包括:(1)四字格是词还是短语的性质;(2)四字格是离心结构还是向心结构。"语义理据条件参数"包括:(1)专有名词特征;(2)双音节词特征;(3)含缩略成分特征;(4)语义透明度特征;(5)图式联想特征。

4.词形结构、词语属性和语义理据条件参数是判断一个四字格是否能成为固定短语的最重要的条件,句法功能特征和语义属性特征是判断的参考因素。

四字格样例	四字格固化特征及条件参数					四字格固化的程度		
	词形结构参数	句法功能特征	词语属性特征	语义理据参数	使用频率参数	临时短语	准固定短语	固定短语
中央政府	+	+	+	+	+			√
地方政府	+	+	+	+/-	+		√	
领导干部	+/-	+	+	+/-	+		√	
领导同志	+	+	+	+/-	+		√	
人民群众	+	+	+	+/-	+		√	
灾区群众	+	+	+	+/-	+/-	√		
国际金融	+	+	+	+/-	+		√	
金融资本	+	+	+	+	+			√
经济社会	+	+	+	+/-	+		√	
爸爸妈妈	-	+	+	-	+	√		
社情民意	+	+	+	+	+			√

四字格样例	四字格固化的特征					四字格固化的程度		
	固定短语	词形结构特征	句法功能特征	词语属性特征	语义理据特征	使用频率特征	临时短语	准固定短语
足球运动	+	+	+	+/-	+/-		√	
农民运动	+	+	+	-	+/-		√	
美食文化	+	+	+	+/-	+/-		√	
公厕文化	+	+	+	-	+/-	√		

续表

四字格样例	四字格固化的特征					四字格固化的程度		
	固定短语	词形结构特征	句法功能特征	词语属性特征	语义理据特征	使用频率特征	临时短语	准固定短语
文化霸权	+	+	+	+	+			√
文化土壤	+	+	+	+	+			√
江河湖海	+	+	+	+	+			√
头条新闻	+	+	+	+/-	+		√	
头版头条	+	+	+	+	+			√
官方网站	+	+	+	+/-	+		√	
男子足球	+	+	+	+/-	+/-		√	
大使先生	+	+	+	+/-	+/-	√		
青藏铁路	+	+	+	+	+			√
风风火火	+	+	+	+	+			√
里里外外	+	+	+	+	+			√
口口声声	+	+	+	+	+			√
自由主义	+	+	+	+	+			√
拜金主义	+	+	+	+	+			√
个人主义	+	+	+	+	+			√
金色收入	+	+	+	+	+/-		√	
血色收入	+	+	+	+	+/-		√	
绿色江河	+	+	+	+/-	+/-	√		
绿色食品	+	+	+	+	+			√
红色炸弹	+	+	+	+	+/-		√	

主要参考文献

一、工具书

1. 中国社会科学院语言研究所词典编辑室:《现代汉语词典》(第6版),商务印书馆2012年版。

2. 王涛、常晓帆、阮智富等:《中国成语大辞典》,上海辞书出版社1987年版。

3. 中国社会科学院语言研究所词典编辑室:《现代汉语词典》(第5版),商务印书馆2005年版。

二、书籍

1. 吴为善:《汉语韵律框架及其词语整合效应》,学林出版社2011年版。

2. 朱德熙:《语法讲义》,商务印书馆1982年版。

3. 董秀芳:《词汇化:汉语双音词的衍生和发展》,四川民族出版社2002年版。

4. 黎良军:《汉语词汇语义学论稿》,广西师范大学出版社1995年版。

5. 郭锐:《现代汉语词类研究》,商务印书馆2002年版。

6. 房玉清:《实用汉语语法》,北京大学出版社 2001 年版。

7. 杨端志:《新时期汉语新词语语义研究》,齐鲁书社 2007 年版。

8. 王艾录、司富珍:《语言理据研究》,中国社会科学出版社 2002 年版。

9. 董秀芳:《词汇化:汉语双音词的衍生和发展》(修订本),商务印书馆 2013 年版。

10. [英]劳蕾尔・J・布林顿、[美]伊丽莎白・克洛斯・特劳戈特:《词汇化与语言演变》,商务印书馆 2013 年版。

三、论文

1. 刘振前、邢梅萍:《汉语四字格成语语义结构的对称性与认知》,《世界汉语教学》2000 年第 1 期。

2. 陆志韦:《汉语的并立四字格》,《语言研究》1956 年第 1 期。

3. 吕叔湘:《现代汉语单双音节问题初探》,《中国语文》1963 年第 1 期。

4. 马国凡:《四字格论》,《内蒙古师大学报(哲学社会科学版)》1987 年第 3、4 期。

5. 马国凡:《四字格结构的模糊性》,《内蒙古师大学报(哲学社会科学版)》1989 年第 3 期。

6. 齐沪扬:《有关类固定短语的问题》,《修辞学习》2001 年第 1 期。

7. 冯胜利:《论汉语的“韵律词”》,《中国社会科学》1996 年第 1 期。

8. 吴为善、邱薇:《粘合定中结构“N 双＋N 双”的整合度高低及其层级分布》,《世界汉语教学》2010 年第 1 期。

9. 刘书新:《复合词结构的词汇属性——兼论语法学、词汇学同构词法的关系》,《中国语文》1990 年第 4 期。

10. 李晋霞、李宇明:《论词义的透明度》,《语言研究》2008 年第 3 期。

11. 颜红菊:《离心结构复合词的语义认知动因》,《首都师范大学学报(社会科学版)》2008 年第 4 期。

12. 朱德熙:《关于向心结构的定义》,《中国语文》1984 年第 6 期。

13. 施关淦:《"这本书的出版"中"出版"的词性——从"向心结构"理论说起》,《中国语文通讯》1981 年第 4 期。

14. 程工:《名物化与向心结构理论新探》,《现代外语》1999 年第 2 期。

15. 司富珍:《汉语的标句词"的"及相关的句法问题》,《语言教学与研究》2002 年第 2 期。

16. 袁毓林:《词类范畴的家族相似性》,《中国社会科学》1995 年第 1 期。

17. 张伯江:《词类活用的功能解释》,《中国语文》1994 年第 5 期。

18. 朱德熙:《现代汉语形容词研究》,《语言研究》1956 年第 1 期。

19. 石定栩:《限制性定语和描写性定语》,《外语教学与研究》2010 年第 5 期。

20. 罗福腾:《无理的"邮编"打败了有理的"邮码"》,《语文建设》1996 年第 11 期。

21. 刘红梅、刘中富:《论汉语聚合词的语义认知》,《山东大学学报(哲学社会科学版)》2012 年第 1 期。

22. 李慧:《现代汉语双音节词组词汇化基本特征的探索》,《语言教学与研究》2007 年第 2 期。

23. 张玲:《影响而语词汇组块可理解输出的认知因素探索》,《北京第二外国语学院学报》2011 年第 6 期。

24.张萍:《词汇联想与心理词库:词汇深度知识研究现状》,《外语教学理论与实践》2009年第3期。

25.杨亦鸣、曹明、沈兴安:《国外大脑词库研究概观》,《当代语言学》2001年第2期。

四、学位论文

1.胡孝斌:《现代汉语双叠四字格AABB式研究》,北京语言大学博士学位论文,2007年。

2.杨建国:《基于动态流通语料库(DCC)的汉语熟语单位研究》,北京语言大学博士学位论文,2005年。

3.孙艳:《汉藏语四音格词研究》,中央民族大学博士学位论文,2005年。

4.胡孝斌:《现代汉语双叠四字格AABB式研究》,北京语言大学博士学位论文,2007年。

5.孟祥英:《汉语待嵌格式研究》,山东师范大学博士学位论文,2010年。

6.孟德腾:《现代汉语嵌入式预制语块研究》,中央民族大学博士学位论文,2011年。

7.周静:《现代汉语"连A带B"格式的多角度考察》,上海师范大学硕士学位论文,2010年。

8.全荣敏:《中韩四字成语比较研究》,山东大学硕士学位论文,2009年。

9.谢小玲:《记者招待会中汉语四字词的口译》,上海外国语大学硕士学位论文,2009年。

10.张莉:《晋西北方言四字格俗成语探究》,上海师范大学硕士学位论文,2008年。

11.侯磊:《汉字字义与四字成语结构规律探索》,中央民族大学硕士学位论文,2007年。

12. 张文一:《中高级程度留学生汉语四字格成语习得与教学》,暨南大学硕士学位论文,2007年。

13. 张少芳:《〈现代汉语词典〉四字成语解释用语考察》,河北大学硕士学位论文,2006年。

14. 余桂林:《〈现汉〉四字词语的分类及其特点》,厦门大学硕士学位论文,2002年。

15. 汪玲玲:《包含数目词的汉语四字格成语语义模糊性》,湘潭大学硕士学位论文,2011年。

16. 黄燕旋:《方位对举四字框式结构研究》,暨南大学硕士学位论文,2011年。

17. 骆娟:《〈朱子语类〉四字格词语研究》,上海师范大学硕士学位论文,2011年。

18. 任会芹:《成语辞典所收录的非四字条目研究》,河北大学硕士学位论文,2011年。

19. 邓艳平:《现代汉语四字格同义成语研究》,河北大学硕士学位论文,2011年。

20. 卢艳名:《现代汉语四字格语音结构形式探究》,浙江大学硕士学位论文,2011年。

21. 许俊芳:《不对称性四字格初探》,新疆师范大学硕士学位论文,2011年。

22. 阚丽颖:《现代汉语四字格反义成语研究》,河北大学硕士学位论文,2009年。

23. 陈雯:《〈现代汉语词典〉中定型四字格的语义分析》,南京师范大学硕士学位论文,2011年。

24. 张楠:《中国四字成语与日本四字熟语之比较研究》,南京师范大学硕士学位论文,2011年。

25. 张于:《〈史记〉四字格词语研究》,四川师范大学硕士学位论文,2011年。